INSTRUCTIONS MILITAIRES.

INSTRUCTIONS MILITAIRES.

A PARIS,

Chez BRIASSON, rue saint Jacques,
à la Science.

M. DCC. LIII.

Avec Approbation & Privilége du Roi.

CEtte Inſtruction eſt le fruit du loiſir d'un Homme de qualité, qui n'eſt parvenu au rang diſtingué qu'il occupe aujourd'hui dans le Service, qu'après avoir paſſé par tous les grades inférieurs. Il doit la théorie & la pratique d'un Art qu'il a toujours chéri avec paſſion, à ſes lectures, à ſes différens Emplois, & ſur-tout aux Campagnes qu'il a faites dans les trois dernieres guerres. Comme il n'ambitionne rien moins que le titre d'Auteur, & qu'il eſt d'ailleurs perſuadé qu'en fait d'Ecrits, le nom n'impoſe point au Public, il croit devoir cacher le ſien. Qu'importe, après tout, ſi ſon Livre eſt bon, qu'on ſache ou qu'on ignore qui l'a fait ?

AVANT-PROPOS.

La plupart de ceux qui verront cet Ouvrage, s'imagineront peut-être, à ſon ſeul titre, que je ne ſuis que l'écho

de MM. de Feuquieres, Puiſſegur, Folard & autres, qui ont traité les mêmes
matieres avec beaucoup de ſuccès. J'a-
voue que je les ai pris pour guides, &
j'en fais gloire. Mon eſtime pour leurs
Ecrits eſt d'autant plus grande, que je
les ai même étudiés avec plus de ſoin.

Cette étude, jointe à l'expérience
que j'ai pû acquérir par trente-huit ans
de ſervice, m'a fait faire quelques obſervations, dont je me crois comptable
au Public.

Il eſt conſtant que depuis plus d'un
ſiécle, & ſur-tout depuis l'établiſſement
des Académies de France & d'Angleterre, tous les Arts en général ſe font ac-
crûs & perfectionnés de jour en jour :
mais laiſſant à part toute prévention, j'oſe
aſſûrer que l'Art Militaire a donné juſqu'ici & donnera toujours lieu plus
qu'aucun autre à de nouvelles découvertes. Combien de changemens
dans la Tactique, ſous différens Miniſ-
tres ou Inſpecteurs ! Ils fourniroient

feuls la matiere de bien des volumes à qui voudroit en faire un détail exact & fuivi.

Le Chevalier Folard, fi connu par fa Colonne, en a fait fentir l'utilité d'une façon claire & diftincte ; & il a foin de l'appuyer fur des exemples tant anciens que modernes. Il fait plus : il ajoute aux exemples fes propres réflexions , qui font autant de preuves de la jufteffe & de la fagacité de fon efprit. La lecture de fon Polybe (je ne crains point d'en trop dire) bien méditée & bien réflé-chie, doit fuffire à un Officier, non-feulement pour connoître à fond la Tactique d'aujourd'hui , mais encore pour fe mettre en état d'y travailler & même de la perfectionner.

Quelque admirable cependant que foit cette Colonne , elle eft, à plus d'un égard , trop générale. Il y a même telle occafion où il feroit dangereux de s'en fervir, au mépris des autres évolutions, qu'il eft bon de confulter dans l'occurrence. L'Auteur, dans ſes Remarques ſur Polybe, obſerve très-bien que la méſintelligence ou l'incapacité des Généraux n'entraîne que trop ſouvent la perte entiere d'une Armée ; mais il auroit pû s'étendre davantage ſur les qualités perſonnelles d'un Commandant en Chef, ainſi que ſur la diſcipline & ſur ce que les Troupes en campagne doivent faire, pour être toujours en haleine & n'être jamais oiſives. C'eſt une vraie perte pour le Militaire, que M. Folard n'ait touché ces deux articles que par occaſion.

L'Art de la Guerre a cela de particulier, que rien n'en doit être indifférent. Quiconque eſt capable de négliger les petites choſes, (*a*) eſt rarement propre à tirer avantage des grandes. Qu'on liſe les Mémoires de nos plus habiles Généraux ; tels que ceux du

_____

(*a*) La négligence dans les petites choſes eſt toujours une eſpéce d'infidélité, qui eſt ſouvent punie par de grandes chûtes. AMELOT.

grand Condé, des Maréchaux de Turenne & de Luxembourg, du Prince
Eugene & de Montecuculi ; combien
d'exemples n'y trouvera-t'on pas de leur
zéle inflexible pour la difcipline, & de
leur exactitude à fe faire rendre un
compte fidéle de ce qui fe paffoit dans
leurs Armées ! Ces Hommes fupérieurs
à tant d'autres par leurs lumieres & leurs
talens , fçavoient mettre à profit jufqu'aux moindres bagatelles & en tirer
des conféquences qui déterminoient
fouvent le fuccès de leurs entreprifes.

Depuis 1702. jufqu'en 1713. on a
fait la guerre autrement qu'on ne la fait
aujourd'hui. Il eft facile de s'en con-
vaincre en confultant ceux de nos anciens Officiers, qui ont fervi dans ces
tems-là. Comme les chofes ont changé
de face, il faut donc travailler relativement au tems où l'on eft , & tâcher de
conferver , à la faveur des nouvelles
découvertes, cette fupériorité que nous

avons eu plus d'une fois fur nos Ennemis. Nous la conferverons fans doute,
en établiffant une difcipline qui ferve
de régle & comme de loi fondamentale
à l'avenir.

Pour en donner une idée précife, je
fais connoître l'obligation de chaque
grade depuis le Lieutenant jufqu'au Général. Je marque l'ufage que ce dernier
doit faire de fes talens, l'ordre & l'efprit qu'il doit établir & faire regner dans
fon Armée ; je forme enfuite des Brigades, & j'y attache en tems de paix,
comme en tems de guerre, des Officiers Généraux. Il eft telle occafion où
nous fommes obligés de prévenir ou de
repouffer les entreprifes de nos Voifins ; je fais voir la néceffité indifpen-
fable d'avoir alors ainfi qu'eux, beaucoup de Troupes légeres, & je tâche
d'indiquer la façon dont il faut s'en fervir, pour foulager les Troupes réglées.
Celles-çi doivent être fur-tout ména-

gées, puisqu'elles réunissent en elles les principales forces de l'Etat.

Après avoir détaillé toutes les manœuvres que je crois plus ou moins utiles, selon les occurrences & les différens terrains, je donne une idée de la façon de marcher en Corps d'armée ou en Détachemens ; des dispositions pour des chaînes de Fourages & de Convois ; de la maniere de défendre une Riviere & de prendre des Quartiers d'hiver dans le Pays ennemi. Je traite enfin de tout ce qui concerne les mouvemens militaires, mais d'une maniere très-succinte, pour ne point répéter ce que d'autres en ont dit avant moi.

Je n'ai garde de me flatter que ce foible Essai ait le bonheur de certains Livres, écrits avec tant de grace & d'élégance, qu'on les lit avec une forte d'avidité & qu'on ne les quitte même qu'avec peine. Elevé dès mon enfance dans le fein des Armes, j'ignore absolument l'art d'embellir mes penfées ; je me contente de les produire avec une franchife & une naïveté digne d'un Militaire, qui cherche bien moins à fe rendre agréable qu'utile, fur-tout aux jeunes gens, tant à ceux qui font déja dans le Service, qu'à ceux qui s'y def-tinent. S'il eft vrai qu'on doive les re-garder comme la portion la plus pré-cieufe d'un Etat, peut-on les inftruire trop-tôt d'une Science, qui leur ap-prend à le défendre, & qui leur pré-fente la régle & l'exemple tout-à-la fois? S'ils peuvent tirer quelque fruit de mon travail, je m'en tiens d'avance affez di-gnement récompenfé: fi le fuccès tra-hit mon attente, cet Ouvrage fera du moins une preuve autentique de mon attachement pour l'augufte Perfon-ne du Roi mon Maître, & de mon zéle pour fa gloire, inféparable de la grandeur & de la profpérité de la France.

Il m'arrive de répéter quelquefois les mêmes chofes; mais pour peu qu'on y prenne garde, on verra qu'il étoit bien difficile, pour ne pas dire impossible, de faire autrement dans un Ouvrage de cette nature. Il est vrai que j'aurois dû dépaïser certaines répétitions indispensables, en variant un peu davantage mes tours & mes expressions. Dirai-je, pour m'excuser, que l'impuissance de notre langue ne me l'a pas permis? Non, & j'aime beaucoup mieux avouer que je ne la possede pas assez parfaitement, pour en avoir sçu tirer parti dans le besoin.

Il y a deux choses sur lesquelles j'ai à me justifier, & qui sont plus essentiellement importantes que l'usage plus ou moins fréquent de certains mots. Quelques-uns de mes Lecteurs trouveront peut-être mauvais qu'un Ouvrage de si peu d'étendue soit chargé d'un si grand nombre de Remarques : d'autres pourront me blâmer d'avoir négligé d'indiquer les sources où je les ai puisées. Je réponds aux premiers, qu'ayant

à parler à des Militaires , & que mon
but étant moins de les amuſer que de
les inſtruire , j'ai cru ne pouvoir trop
citer d'exemples. En effet , des traits
d'Hiſtoire ancienne & moderne ,
placés à propos , ſont pour le moins
auſſi capables de faire impreſſion , que
les raiſonnemens les plus ſolides & les
plus ſenſés. J'avouerai ingénument aux
ſeconds , que je n'ai pas voulu m'aſſer-
vir à citer ſcrupuleuſement les noms
des Auteurs & des Livres , qui m'ont
fourni la plupart de mes Remarques ,
de crainte qu'il ne parût en cela un
certain air d'érudition affectée. Elles
ſont toutes le fruit de mes lectures ,
de mes entretiens avec des gens conſommés dans l'Art Militaire , & enfin
de ma propre expérience.

TABLE

Des Chapitres contenus dans ce Volume.

TABLE.

INSTRUCTIONS MILITAIRES.

CHAPITRE PREMIER.

Du Général d'Armée.

C'EST une maxime certaine, selon Machiavel, & autres, qui ont traité de la politique & du Gouvernement, que l'Etat Monarchique est moins propre à former d'habiles Généraux que l'Etat Républicain. Ils prétendent que dans celui-ci l'amour de la Patrie & du bien commun est gravé plus profondément dans les cœurs ; que le mérite (*a*) universellement reconnu y conduit seul aux Emplois, & qu'enfin la certitude de n'être point

(*a*) Quand la justice & la raison distribuent les récompenses & que le mérite fait parvenir aux emplois, il est rare qu'un Prince soit mal servi, & c'est le vrai moyen d'avoir de grands Hommes.

A

traverſé par d'indignes Rivaux , & de n'avoir rien
à craindre ni du côté de la brigue , ni du côté de la
protection , éléve néceſſairement le courage & les
eſprits au-deſſus d'eux-mêmes. Ils ajoutent que dans
une Monarchie où toutes les graces dépendent du
Souverain , elles ſont plus rarement le prix du mérite & de la capacité , que de l'intrigue & de la
faveur ; qu'il eſt d'ailleurs impoſſible au Prince ,
quelque diſcernement , quelque équité même qu'il
puiſſe avoir , d'être lui ſeul auſſi éclairé que toute
une République.

Si l'on oppoſe à ces raiſons & à quelques autres de
cette nature l'exemple des Républiques d'aujour-
d'hui , telles que celles de Veniſe & de Hollande ,
qui fourniſſent moins de grands Hommes de guerre
en un ſiécle que telle Monarchie de l'Europe en dix
ans ; nos Politiques répondent que de pareils
exemples ne tirent point à conſéquence , vû que ces
Républiques uniquement livrées à leurs intérêts ,
& plus jalouſes d'étendre leur commerce que leurs
limites , ont toujours pris à tâche d'étouffer dans le
cœur de leurs Citoyens le deſir & l'ambition d'acquérir de la gloire par la voye des armes. (a) Tant
que la République de Veniſe , continuent-t-ils , a
chargé l'un de ſes Membres du commandement de
ſes Armées , elle a produit pluſieurs grands Hommes qui l'ont rendue floriſſante & redoutable : mais
depuis que par une fauſſe & pernicieuſe maxime elle

____

(a) Il n'eſt pas étonnant que les Républiques d'aujour-
d'hui fourniſſent moins de grands hommes de guerre que les
anciennes. La conſtitution du gouvernement de celles-ci
étant toute militaire , leur excellente diſcipline les a toujours maintenues dans un état floriſſant ; au lieu que celles-
là ayant négligé l'exercice des armes , n'ont plus fait que
d'habiles Négocians.

en a remis la conduite à l'Etranger, (*a*) cette République a vû non-feulement fes Etats diminuer de fiécle en fiécle, mais fa gloire & fon nom déchecir confidérablement chez fes voifins. A l'égard de la Hollande, l'extrême confidération que lui donnent fes richeffes & fa pofition, qui fouvent obligent les Puiffances de l'Europe à rechercher fon alliance, fuffit feule pour la maintenir toujours dans fa grandeur.

Que Machiavel & fes femblables ayent tort ou raifon, c'eft ce que je n'examine point ici. Il me fuffit d'obferver que le Gouvernement monarchique & républicain ont eu des Sujets plus ou moins recommandables, felon la diverfité des tems & des occurrences ; mais que tous ceux qui ont eu la réputation d'être confommés dans l'art de la Guerre, ne l'ont foutenue avec éclat que parce qu'ils ont poffédé toutes les parties effentielles d'un Général d'Armée. (*b*)

(*a*) Le Marquis de Mantoüe fut le premier Général Etranger des troupes Vénitiennes fur terre. Cette République ayant négligé le fervice de terre, pour s'adonner entiérement à celui de mer, crut qu'il n'y avoit aucun de fes Sujets capable d'exercer la Charge d'Amiral : depuis ce tems-là elle a confervé l'ufage de ne cenfier le Commandement de fes troupes maritimes qu'à un Etranger.

(*b*) Tels ont été dans leur tems, Aléxandre, Pirrhus, Scipion, Annibal, & autres, dont l'Hiftoire fait mention. L'une des raifons qu'Annibal donna pour déclarer Pirrhus le fecond Capitaine du Monde, fut que celui ci fçavoit parfaitement l'art de gagner la bienveillance de la Nation avec laquelle il traitoit.

CHAPITRE II.

Du Général d'Armée, & de ses qualités.

SI l'homme se connoissoit assez lui - même, & qu'il ne fût pas retenu par l'amour propre ou par une modestie quelquefois déplacée, il n'y auroit qu'un grand Général, tel que ceux dont l'Histoire ancienne & moderne a consacré les noms, qui pût nous apprendre au juste quelles sont les qualités nécessaires à un Commandant en Chef. Le détail de celles qu'il avoit & de celles qu'il a regretté de n'avoir pas eues, seroit pour nous une double instruction.

Un grand Général, selon quelques-uns, qui ont essayé de nous en tracer le portrait, doit être religieux, tempérant, (*a*) désintéressé, (*b*) juste, pru-

(*a*) Scipion l'Afriquain acquit moins de réputation par la prise de Cartagène en Espagne, que par une preuve de grande retenue qu'il donna, lorsqu'il rendit à un mari sa femme, qui étoit jeune, belle & sa prisonniere, ayant eu soin de lui conserver l'honneur. Le bruit de cette action, lui attira l'estime des Peuples de ce Royaume, qui se soumit à lui.

(*b*) On voit un bel exemple de désintéressement dans M. de Vendôme. Ce Prince avoit reçû de Louis XIV. une Lettre pleine d'expressions extrêmement honorables : il en fit part à un Général, qui lui dit que le Roi auroit dû payer son Altesse d'une autre monnoye. » Les hommes comme moi, ré-
» pondit ce Duc magnanime, ne se payent qu'en paroles &
» en papier.

dent ; actif, (*a*) laborieux, (*b*) intrépide, égal dans l'une & l'autre fortune, (*c*) inftruit de tous les Arts qui concernent la Guerre & de l'Hiftoire, pour en faire l'application au tems prefcrit ; enfin il doit réunir en lui feul les vertus qui caractérifent l'homme du vrai mérite dans chaque condition, & joindre à tant d'avantages celui d'être heureux.

Le portrait qu'on vient de lire, ne reffemble peut être pas moins au Fondateur d'un Empire, à l'Interprête des Loix, au Miniftre de la Juftice, au Protecteur de la Religion, ou à l'arbitre du fort des peuples, qu'au Général d'Armée. Pour moi, je me borne à le repréfenter tel qu'il doit être au milieu de fon camp & à la tête de fes troupes.

Je fuppofe d'abord que le choix que le Prince a fait de fa perfonne, n'eft dû ni à l'intrigue, ni à la faveur, mais feulement au zéle & à la fage conduite qu'il a fait paroître dans les différens grades par où il a paffé ; qu'il n'eft ni trop jeune, ni trop vieux (*d*) & qu'étant obligé d'agir, de voir tout

(*a*) La vigilance & l'activité d'un Général affure le fommeil des autres ; & fon application leur permet de vivre en affurance.

(*b*) Quelqu'un ayant demandé à Aléxandre le Grand, comment il avoit pû faire tant de conquêtes en fi peu de tems, il répondit : *En ne remettant rien au lendemain.*

(*c*) Tite-Live dit, en parlant de Camille, que la Dictature ne lui avoit pas enflé le courage, & que l'exil ne l'avoit pas abatu. Les grands Hommes confervent toujours les mêmes difpofitions, & ont une conduite toujours égale & toujours digne de leur courage & de leur vertu. Jamais les Romains ne furent plus grands qu'après la bataille de Cannes.

(*d*) Un Général ne doit étre ni trop vieux ni trop jeune, afin qu'il ne manque ni de fageffe, ni d'expérience, pour délibérer, ni de vigueur pour agir.

A iij

par lui - même , une complexion forte & vigoureuse le met en état d'être continuellement dans l'action & souvent exposé aux injures du tems.

Il faut , & avant toute chose, qu'il se dépouille de l'homme particulier , pour se revêtir de l'homme public ; qu'il renonce à toute idée d'orgueil ou de prévention , & qu'il oublie ses plus justes ressentimens, pour n'avoir en vûe que le service du Prince & le bien de l'Etat.

Il doit inspirer , autant qu'il lui est possible, le même esprit à tous ceux qui commandent sous ses ordres , établir entr'eux une parfaite union , (*a*) s'étudier à connoître par leurs actions & leurs paroles , la passion & les motifs qui les font agir.

Plus d'un Commandant en Chef, faute d'avoir usé de ces sages précautions, a vû la mésintelligence des Officiers généraux (*b*) faire échouer des projets, qui lui avoient paru comme infaillibles ; il sera nécessairement la victime de leurs animosités particulieres (*c*) ou de leur peu de capacité , s'il n'est parfaitement instruit des fonctions de chaque grade , &

(*a*) Gest. Gal. Gouverneur de Syrie pour l'Empereur Néron , s'étant mis en marche pour aller attaquer les Juifs, & ayant appris que la désunion étoit parmi eux , jugea sa victoire certaine, ce qui fut vrai.

(*b*) Sasly, Colonel Allemand, & Fredage Général Suedois, faisant le siége de Stokholm avec les troupes de Gustave Vasa , se brouillerent de façon que Norby , Commandant de l'Armée de Christiern II. Roi de Dannemark l'ayant appris, en sçut profiter. Il attaqua d'abord Fredage, ensuite Sasly , qui refusant mutuellement de se sécourir , furent défaits l'un après l'autre.

(*c*) Annibal ayant eu connoissance de la mésintelligence qui étoit entre Fabius Maximus & Marcus Minutius , Généraux de l'Armée Romaine, profita de certe conjoncture , les attaqua , & les vainquit.

en état de juger par lui-même où ils ont manqué, & pourquoi.

Il doit fur tout ne point perdre de vûe le Briga-dier & le Maréchal de Camp ; ce dernier grade plus que tout autre, le met à portée de voir de quoi un Officier eſt à peu-près capable, & juſqu'à quel point il peut lui donner ſa confiance : mais aucun ne la mé-rite davantage que celui qui remplit avec diſtinction le poſte de Maréchal des Logis. Un Chef habile & qui eſt aſſez heureux pour l'avoir, ne ſçauroit man-quer de réuſſir : nous le ſçavons par expérience, & la derniere guerre nous en fournit plus d'un exem-ple.

CHAPITRE III.

Du Général d'Armée & des connoiſſances qui lui ſont néceſſaires.

LA connoiſſance de la Géométrie & des Fortifica-tions eſt abſolument néceſſaire au Général pour entendre le rapport des Ingénieurs, (*a*) juger de la diſpoſition de leurs travaux, de celle des batteries, réparer promptement des fautes qui pourroient ou retarder ou même en empêcher l'effet attendu.

La Géographie lui eſt encore plus néceſſaire pour

(*a*) Equus Civilius, Général des Volſques, perdit ſon Ar-mée & ſa réputation, pour avoir aſſiégé la ville d'Ardée, avant d'avoir examiné ſi les ennemis ne pouvoient pas lui couper les vivres & la retraite, & pour s'être confié au rap-port des Ingénieurs peu inſtruits de leur métier ; le Général Romain le força de combattre dans un terrain déſavanta-geux, & le défit.

connoître la situation des Etats & de leurs Provin‑
ces ; (*a*) pour sçavoir quel est leur climat, leur
force, leur fertilité, leur étendue ; quelles rivieres
les coupent ou quelles montagnes les traversent ;
quels forts & quelles places les défendent. Mais il
doit surtout faire une étude exacte des lieux où il
porte la guerre, (*b*) s'il veut éviter les écueils, qui
n'ont été que trop funestes à plusieurs.

On sçait quel fut le sort de Charles XII. Roi de
Suéde à la journée de Pultowa, & du Czar Pierre
le Grand en Ukraine sur le bord du Pruth. Le pre‑
mier perdit toute son Armée, & lui‑même courut
plus d'une fois risque d'y perdre la vie : le second, de
cent mille hommes en perdit plus de soixante mille,
& il ne put sauver le reste de ses troupes & sa per‑
sonne du danger inévitable de périr, ou par l'artil‑
lerie des Turcs, ou par la faim, qu'en achetant la
paix à prix d'or. Heureux l'un & l'autre, s'ils
avoient eu plus de connoissance du pays ennemi, que
de confiance en leurs forces ! Les justes mesures qu'ils
auroient prises pour la subsistance de leurs Armées,
auroient épargné à ces deux Princes la honte & le
chagrin d'avoir échoué dans des entreprises, qui
ont eu des suites si déplorables pour leurs Etats, &
sur‑tout pour la Suéde. Combien d'autres exemples
pourrions‑nous citer ici, dont les preuves seroient

(*a*) Gust. Adol. Roi de Suéde, ayant projetté de porter
la guerre en Allemagne, parcourut tous les pays, déguisé,
pour examiner l'état de l'Empire, ses forces, ses places, &
généralement tout ce qu'il lui importoit de sçavoir avant de
former ses entreprises.

(*b*) Lorsque Herman Cortés méditoit la conquête du
Mexique, il s'informa très‑soigneusement de l'étendue & des
limites de cet Empire, de ses Provinces, des Montagnes,
des Rivieres, des distances des Mers, & des Ports ; cette
étude lui valut la gloire de réussir.

d'autant plus fortes & plus fenfibles, que ces exemples font plus récens!

Le Général ne fçauroit avoir un coup d'œil trop jufte & trop raifonné, fur l'étendue d'un terrain, fur l'efcarpement d'une riviére, fur la profondeur & la nature d'un bois, fur la longueur d'un défilé, la qualité d'un marais.... (*a*) pour régler fes marches, affurer fes campemens, & placer fa Cavalerie & fon Infanterie dans des lieux convenables à leurs manœuvres. Il eft arrivé fouvent que dans un choc inopiné, & même dans une action prévûe, un foffé, une haye, un rien qu'il n'avoit pas remarqué en donnant fes ordres, ont fait périr des détachemens & des corps entiers. Leur perte entraîne prefque toujours celle de l'Armée, pour peu que l'ennemi fache profiter du trouble & de la confternation où jette néceffairement un échec fubit & inattendu. Au refte ce feroit une erreur très-dangereufe de croire qu'on pût s'en rapporter à d'autres qu'à foi-même, touchant la connoiffance de ce détail.

Ce coup d'œil, fi important & fi favorable au métier, dépend fur-tout de la jufteffe du jugement. Mais comme c'eft un don que la nature n'accorde qu'à un très petit nombre de perfonnes, on peut y fuppléer en jugeant de loin d'un endroit, & en s'y tranfportant enfuite, pour voir ce que les fens

(*a*) Il faut obferver chaque terrain qu'on rencontre propre à camper, à fe former en bataille, juger de la quantité de troupes qu'il peut contenir, quel avantage ou quelle incommodité on y trouve; enfin tout ce qui peut être utile pour acquérir & former le coup d'œil fi néceffaire à la guerre. Tit. Liv. nous apprend que Philopémene, Général des Achaïens, parvint à cette connoiffance par les moyens que l'on propofe ici.

ajoutoient ou retranchoient à la vérité. En compa-
rant ainſi un lieu à un autre, on paſſera aiſément de
la théorie à la pratique, dont le fréquent uſage,
aidé du raiſonnement, facilitera les moyens d'acquérir un coup d'œil juſte & précis.

CHAPITRE IV.

Suite des talens d'un Général.

UNE clémence aveugle eſt pour l'ordinaire très-
préjudiciable au bien du ſervice ; une trop grande ſévérité ne peut qu'aigrir les eſprits. Il faut
donc ſçavoir employer l'une & l'autre à propos,
ſelon les tems & les circonſtances ; & la politique eſt pour cela très-néceſſaire (a). Les Condés &
les Turennes ont ſçu la mettre efficacement en pratique, (b) en ſe faiſant craindre & encore plus

(a) Saint Evremond dit qu'un Général politique doit
prendre ſon ennemi par ſon foible. Par exemple, qu'il doit
le fatiguer & mettre à bout ſa patience, s'il le connoît im-
périeux & violent ; l'endormir par des négligences affectées,
s'il le connoît pareſſeux ; lui donner à entendre qu'il le mé-
priſe, s'il le connoît préſomptueux, afin que l'obligeant de
ſortir des régles ordinaires pour ſuivre quelqu'une de ſes
paſſions, il lui faſſe faire quelque faute. Car la plûpart de
celles qui ſe font, ne viennent que de ce qu'on ſe laiſſe d'ê-
tre aſſujetti aux maximes de l'Art, & qu'on ſe laiſſe gouverner par le tempérament.

(b) Les actions des grands Hommes ſont faites pour
l'exemple & l'admiration. Jamais Général ne ſçut gagner
l'eſtime & l'amour du Soldat comme le Conſul Valere. Tit.
Liv. dit de lui qu'il partageoit avec eux les travaux & tou-

chérir de leurs troupes. Elles obéiſſoient avec d'autant plus de promptitude, qu'elles alloient avec plus
de ſatisfaction au combat ſous de pareils Chefs. De-
là tant d'heureux ſuccès que l'Hiſtoire raconte &
qu'on lit toujours avec un nouvel étonnement. Quiconque veut ſuivre les traces de ces deux grands
Hommes, ne peut trop s'attacher à gagner l'eſtime
d'un chacun ; je dis cette eſtime, qui produit la confiance, ſource ordinaire des plus belles actions.

Autant qu'un Général doit être empreſſé à les
faire valoir à la Cour, autant doit-il être attentif à
s'interdire la raillerie ſi familiere à la Nation. Plus
elle eſt fine & ſpirituelle, plus elle humilie, plus elle
offenſe celui qui en eſt l'objet. Uniquement occupéde
ſa vengeance, il ne trouve que trop tôt l'occaſion de
l'exercer & quelquefois même aux dépens du ſervice.
Une parole, un ton de voix, un geſte, (*a*) ſuffit
pour découvrir les projets du .Général. Il ne ſçauroit donc être trop en garde contre lui-même, ni
trop craindre que ſon viſage ne le trahiſſe. Chacun
veut y lire les ſuccès heureux ou malheureux que
les événemens peuvent avoir. Mais toujours ſerain,
ſans trouble, ſans émotion, il doit être impénétrable aux plus clairs-voyants. Suſpendus alors entre
la crainte & l'eſpérance, Officiers & Soldats croient
ne pouvoir mieux éclaircir leurs doutes, qu'en re-
doublant de zéle & de courage dans l'action.

tes les fonctions militaires. Libéral & bienfaiſant, il plaçoit
ſes graces à propos : attentif dans ſes diſcours à ne bleſſer en
rien la liberté des autres ; il ne l'étoit pas moins à ſoutenir ſa dignité & à punir ceux qui péchoient contre la
diſcipline.

(*a*) Saluſte parlant du Roi Bocchus, dit qu'il étoit ſi peu
maître des mouvemens de ſon viſage & de ſon corps, que
ſon intérieur trahiſſoit ſouvent les ſecrets qu'il avoit le plus
d'intérêt de diſſimuler.

Un Général prudemment politique, doit moins s'appliquer dans les grandes affaires à faire naître des occasions, qu'à profiter de celles qui se présentent. S'il forme quelque entreprise considérable, il est bon qu'il prenne conseil des Officiers Généraux ; mais qu'il ne confere sur ce qu'il veut exécuter, qu'avec lui-même, ou un très petit nombre de ceux dont il connoît le mérite & la discrétion. (a)

Ce n'est pas assez qu'il connoisse le fort & le foible de l'ennemi qu'il a dessein d'attaquer ; (b) il faut encore qu'il s'applique à découvrir le caractere & les vrais sentimens de ceux qui commandent sous lui, afin de prévenir une sédition & faire rentrer les plus mutins dans leur devoir. Personne ne posséda jamais ce dernier avantage à un si haut dégré que le Maréchal de Turenne (b).

(a) Un Général doit être impénétrable dans ses desseins. Louis XI. alloit toujours par des détours, qui rendoient sa maniere d'agir incompréhensible à ceux mêmes qui avoient le plus de part à sa confiance.

(b) Le Maréchal de Turenne en 1647. ayant ordre de conduire ses troupes en Flandre, le Baron de Rosen, Général des troupes Weimariennes, qui étoient à la solde de la France, répugnant de le suivre, passa le Rhin au-dessous de Strasbourg pour s'en retourner en Allemagne. Le Maréchal de Turenne le suivit avec ce qui lui restoit de troupes, fit quatorze lieues dans un jour, & joignit les Rebelles ; Rosen voulut se disculper, alléguant qu'il avoit été forcé de suivre. M. de Turenne feignit de le croire jusqu'à ce qu'il fût persuadé de son peu de crédit sur ses troupes ; alors il le fit enlever pendant une nuit par un détachement de Philisbourg, engagea une partie des Rebelles à rentrer dans le devoir, atteignit les autres à Konisberg, les attaqua & en tailla une grande partie en pieces, pardonna aux prisonniers, & ramena le tout en France.

CHAPITRE V.

Suite du Général & de ses Observations.

COmme les vents & les brouillards influent presque autant sur la Terre que sur la Mer, il n'est
pas moins essentiel au Général qu'au Pilote d'en observer le tems & la durée, afin de s'orienter (*a*)
dans l'occasion. Je ne puis m'empêcher de citer à ce
sujet un trait singulier d'Annibal, qui, quoique déja
connu, ne paroîtra pas inutile ici.

Ce brave & rusé Capitaine ayant remarqué avant
la Bataille de Cannes, qu'il s'élevoit depuis quelques
jours un vent furieux à certaine heure, tourna l'Armée Romaine & prit le dessus du vent qui commen-
çoit à peine à souffler, qu'il entama l'action ; la poussiere excitée par le mouvement de ses troupes, fut
comme le signal de la défaite des Légions, qui en
souffrirent si fort, qu'elles ne purent ni combattre ni
avancer.

Nous avons vû la même chose arriver tout ré-
cemment, ainsi que plusieurs passages de rivieres &
des attaques faites à la faveur des brouillards ; (*b*)

____

(*a*) Gustave-Adolphe sçut si bien prendre ses mesures à
la Bataille de Leipsic, qu'à la faveur du vent, qui poussoit la
fumée & la poussiere aux yeux des Impériaux, il remporta
une victoire complette. L'Archiduc Albert perdit la Bataille
des Dunes par un semblable événement.

(*b*) En 1743. les troupes Françoises, commandées par
M. le Maréchal de Coigny, bordoient le Rhin, pour empêcher l'Armée du Prince Charles de Lorraine de pénétrer en
Alsace. Ce Prince voulut tenter de passer ce Fleuve à la faveur d'un brouillard très-épais vis-à-vis Rhinvillier où com-

attaques & paſſages dont la ſurpriſe peut ſouvent cauſer du déſordre & de la confuſion parmi des troupes, qui ne ſont pas aſſez ſur leurs gardes. Rien n'eſt quelquefois plus capable de rallentir le courage que d'avoir le Soleil dans les yeux pendant le combat. Il faut donc en combiner le tems de maniere qu'en ſe mettant le Soleil à dos, l'ennemi ſeul en ſoit incommodé. C'eſt un avantage dont Henry le Grand, entre autres, ſçut profiter à la fameuſe journée d'Ivry.

mandoit M. le Marquis de Balincour, aujourd'hui Maréchal de France; & le paſſage auroit réuſſi ſans les bonnes diſpoſitions de ce Général & la fermeté de M. le Comte de Beranger, Maréchal de Camp, qui marcha à l'ennemi à la tête des Grenadiers & d'un Régiment de Dragons, & culbuta ceux qui étoient paſſés, avec une perte conſidérable.

CHAPITRE VI.

Suite du Général. Du talent de la parole.

AUTREFOIS qaand deux Armées en préſence, n'attendoient que le moment d'en venir aux mains, les Généraux leur faiſoient des harangues ſouvent auſſi longues qu'étudiées. Mais il ne faut pas s'imaginer qu'elles ſoient ſorties de leur bouche telles que nous les liſons dans Tite - Live, Quinte-Curce & autres, qui ſemblent avoir pris à tâche de faire voir qu'ils n'étoient pas moins bons Orateurs qu'excellens Hiſtoriens.

Aujourd'hui ſi un Général a le talent de la parole, c'eſt un mérite, dont il eſt juſte de lui faire honneur; mais il ne doit en faire uſage que pour s'exprimer avec force & en peu de mots. (*a*) Il faut que les ordres qu'il donne de bouche ou par écrit, soient énoncés d'une façon si nette & si précise, qu'on n'y puisse donner aucune interprétation (*b*) susceptible d'un double sens.

(*a*) A la Bataille de Cannes Annibal dit à ses Troupes pour toute harangue : » Vous venez de gagner les Batailles » de Trébie & de Trasimene ; quel discours peut mieux vous animer que vos propres actions ?

Arminius prêt à combattre les Romains dans le même Champ où les Légions de Varus avoient été défaites auparavant, se contenta de dire à ses Soldats : Voilà Varus & ses Légions qui vont être battus une seconde fois. Ce souvenir inspira tant de courage à l'Armée d'Armenius, que les Romains furent défaits.

(*b*) Les François ne perdirent la Bataille de Carniole, que parce que le Général s'étoit mal expliqué dans ses ordres, & qu'on prit le contre-sens de ce qu'il vouloit dire.

CHAPITRE VII.

Suite du Général, de la Morale.

UN Commandant en chef doit se familiariser sur-tout avec la morale, pour former son caractére & acquérir, s'il ne l'a pas, ce sens froid (*a*) que les plus fortes & les plus vives passions ne sçauroient déconcerter. Elle éclaire toutes ses actions,

(*a*) Philippe II. Roi d'Espagne nous a laissé un bel exemple de sens froid : ayant armé une grande Flotte pour conquérir l'Angleterre, il répondit, lorsqu'on lui annonça qu'elle avoit péri par une affreuse tempête, *Je ne l'avois pas envoyée pour combattre les vents.*

dirige ſes moindres démarches & ſes paroles mêmes.
Inſtruit par elle, il eſt toujours modeſte dans le ſuccès, toujours ferme (*a*) & tranquille dans les revers ; la vaine gloire & l'abattement, partage ordinaire des petits eſprits & des ames baſſes, lui ſont
également étrangers.

Il ne ſçauroit commencer trop tôt à jetter les
fondemens d'une bonne réputation. Autant que celle
d'homme habile, entreprenant & intrépide lui
eſt néceſſaire pour conduire à une heureuſe fin ſes
projets, autant celle d'homme juſte, intégre, &
ami du vrai, lui eſt favorable pour contenir chacun
dans le devoir, ou y ramener ceux qui s'en écartent.

Combien de Militaires ſeroient ſouvent abattus
& découragés aux approches du péril, qui fortifiés
tout-à-coup & animés par l'exemple d'un Chef vertueux, (*b*) n'enviſagent plus que la gloire de vaincre,

---

(*a*) La fermeté eſt une force extraordinaire de l'ame,
qui l'éleve au-deſſus des troubles & des émotions que la vûe
des grands périls pourroit exciter en elle. C'eſt par cette
force que les Héros ſe ſoutiennent dans un état paiſible, &
conſervent l'uſage libre de leur raiſon dans les accidens les
plus ſurprenans & les plus terribles.

Jean - Frederic de Saxe ſouffrit avec fermeté la perte
de ſes Etats & de ſa liberté. Sa Sentence de mort lui ayant
été prononcée par l'ordre de Charles V. il l'écouta ſans
changer de viſage ; puis ſe tournant du côté du Duc de Brunſ-
wich, il lui propoſa de finir une partie d'échecs qui étoit
commencée.

Céſar étant prêt à ſucomber en Hainaut dans une vive attaque, prit une rondache, ſe mit à la tête de ſes Drapeaux, & ayant éclairci le rang des ennemis pour ſe ſervir
plus utilement de l'épée ; donna le tems à deux Légions
d'arriver à ſon ſecours & mit l'ennemi en fuite.

(*b*) Les mœurs de l'Armée Romaine, qui étoient fort dé-
réglées, furent réformées en fort peu de tems, par exem-

ere, ou l'honneur de mourir pour le service du Prince & de la Patrie.

Il est assez ordinaire aujourd'hui d'avoir pour Aumôniers des Moines, à qui la vie tranquille & recueillie du Cloître conviendroit, ce me semble, beaucoup mieux que le tumulte & la dissipation d'une Armée. Des Ecclésiastiques, exemts de tout reproche du côté des mœurs & de la doctrine, seroient infiniment plus propres à gagner la confiance & à s'attirer la vénération.

Comme la plûpart des Soldats sont ignorans & grossiers, ils se laissent conduire moins par la raison que par les sens; mais de tous les excès auxquels ils se livrent, les irrévérences & les blasphêmes contre la Religion, sont principalement ceux qu'on est (*a*) obligé de punir. La sévérité est alors une douceur, & fait même partie de cette bonté compâtissante qu'un Général doit avoir pour les siens, & qui les lui fait regarder du même œil qu'un pere de famille regarde ses enfans.

Cette bonté consiste à ménager leur sang, & à les faire jouir de tous les droits qui leur appartiennent; à partager quelquefois leurs fatigues & leurs périls même, à leur donner un libre accès auprès de lui, & à prêter une oreille attentive à leurs plain-

ple de l'Empereur Vespasien, ce qui lui attira l'amour & l'estime des peuples & les engagea à l'imiter.

(*a*) Il est nécessaire qu'un Chef tienne la main à l'exercice de la Religion. Que l'on parcoure tous les siécles & tous les pays du Monde; on ne trouvera pas un Peuple que la simple raison naturelle, d'accord avec la saine politique, n'ait assujetti au culte d'une Religion.

Les Anciens n'entreprenoient jamais aucune affaire de conséquence, qu'auparavant ils n'eussent imploré le secours des Dieux. Claudius Pulcher fut puni par le Sénat Romain, pour avoir combattu sans avoir consulté les Auspices.

tes (*a*), puifqu'un Général n'eft pas moins le premier Juge que le premier Capitaine de fon Armée. Sa douceur & fa juftice doivent rejaillir fur ceux mêmes qu'il a vaincus. (*b*) Leur garder inviolablement la foi jurée, (*c*) ne les point vexer par des taxes rigoureufes , & les fauver de l'infulte & du pillage , (*d*) voilà des titres qui honorent le vainqueur, qui le font louer pendant fa vie & regreter après fa mort. Heureux les Soldats qui ont un Chef fi digne de l'être ! Témoins de la juftice exacte qui eft rendue à chacun, felon fon mérite , peuvent-ils murmurer dn châtiment des coupables , & ne pas s'affermir de plus en plus dans leur devoir ? C'eft en fuivant cette méthode, qu'affurés du refpect & de l'amour de leurs troupes, Régulus & Scipion triompherent , l'un enAfrique , & l'autre en Efpagne.

(*a*) Le Roi Demétrius Policerte, étoit haï des fiens par la difficulté qu'il y avoit de l'approcher. Ce Prince refufant un jour d'écouter une pauvre femme , elle lui dit : *Si vous ne voulez pas m'écouter , ceffez de gouverner.* Ces paroles le frapperent , & il devint dans la fuite d'un abord facile à tout le monde.

(*b*) Ufer de la victoire avec humanité, eft quelque chofe de plus grand que la victoire même. Celle que l'on remporte par les armes, eft fouvent due à la fortune & au hazard ; au lieu que la douceur & la clémence ne dépendent que du Vainqueur. Les bons traitemens que les prifonniers doivent attendre de vous, font plutôt un devoir de votre part qu'une bienféance ; s'ils en ont mal ufé envers les vôtres, votre générofité les couvrira de honte, & les rendra l'horreur de toutes les Nations.

(*c*) Agéfilas avoit coutume de dire , que violer la foi jurée , c'étoit provoquer le courroux des Dieux.

(*d*) Un des Généraux de Tibere repréfentoit à cet Empereur, que la Dalmatie n'avoit fecoué le joug des Romains, qu'à caufe des vexations & de l'avarice des Gouverneurs qu'on y envoyoit.

C'eſt par-là que les plus fameux Capitaines Grecs, Romains & François, ont acquis le glorieux titre de Héros : ces grands Hommes ont ſçu par expérience qu'une Armée bien diſciplinée eſt à demi-victorieuſe.

Si-tòt que les nôtres ſont aſſemblées, on publie des Ordonnances, qui pour l'ordinaire ſont aſſez mal ſuivies. (*b*) Le plus ſûr moyen pour en bannir le libertinage, ſeroit d'empêcher, s'il étoit poſſible, cette irruption clandeſtine de filles perdues, qui cauſent ſouvent plus de ravage dans un Camp, que n'en ſçauroient cauſer le fer & le feu des Ennemis. De cette ſource infectée naiſſent les querelles, les maladies, le relâchement & l'oubli des devoirs les plus eſſentiels, & enfin les déſertions, qui appauvriſſent tout le corps.

A propos de l'oubli des devoirs, on n'a garde d'en ſoupçonner les Officiers. Ils ſçavent trop qu'ils ſont obligés de donner en tout l'exemple, à proportion du grade qu'ils ont à remplir.

(*b*) Il faut faire publier peu de bans dans une Armée, & faire peu de loix ; mais ſi l'on n'a ſoin de les faire obeſrver exactement, une Armée périt par la licence & ſe fait battre par indocilité. Qu'on puniſſe ſur le champ & que l'on récompenſe de même. Les ordres du Général doivent être des loix irrévocables. Le Conſul **Tit. Manl.** Torquatus fit mourir ſon fils, quoique victorieux, pour avoir attaqué l'ennemi contre la défenſe de ſes ordres.

CHAPITRE VIII.

Suite du Général. De ses précautions.

SI les troupes ont à séjourner quelque tems dans un endroit où elles trouvent en abondance toutes les commodités de la vie, il est à craindre que faute d'exercice & d'occupation, une trop longue oisiveté n'énerve insensiblement leur courage, & ne les mette hors d'état de repousser avec vigueur l'Ennemi dans l'occasion. Annibal paya cher les délices de Capoue, & l'Histoire nous apprend combien il eut lieu de se repentir dans la suite de s'y être relâché de cette discipline exacte & austere, dont il s'étoit si bien trouvé jusques-là. (a)

Avant que d'entrer en campagne, le Général a sans doute proposé les Sujets les plus capables & les plus propres à composer un bon Etat - Major. (b) Après avoir étudié à fond la Carte du Pays où il est chargé de porter les armes de son Maître, & s'être instruit de tout ce que l'ennemi peut lui opposer pendant le cours de la Campagne, il dresse le plan de ses opérations & le confronte avec celui que

(a) Les Mémoires pour servir à l'Histoire de Brandebourg, disent que Leipsic fut une seconde Capoue pour l'Armée de Charles XII. & que l'Armée Suédoise étant sortie de ses quartiers de Saxe, où elle avoit vêcu à discrétion, avoit beaucoup dégénéré de cette valeur & de cet air martial qu'elle avoit auparavant.

(b) Le Cardinal de Richelieu disoit que le plus grand avantage qu'on pouvoit procurer à un Etat, étoit de mettre chacun dans l'emploi pour lequel il se trouvoit le plus propre.

le Prince en a fait faire : il examine attentivement
l'un & l'autre ; & jugeant en conséquence de l'issue
plus ou moins favorable de son entreprise, il expose
à la Cour ses doutes & ses espérances ; & pour n'être
point comptable des mauvais succès, il a la sage précaution de lui faire approuver tous les moyens qu'il
compte mettre en œuvre.

Ce n'est pas assez qu'il soit habile & expérimenté, il faut encore que ceux qui commandent sous ses
ordres le soient aussi. Il faut que le mérite & non la
faveur décide du choix de son Etat-Major, qu'il
doit regarder comme le confident né de ses projets,
le dépositaire de ses ordres, & le Ministre seul capable de les faire exécuter. Le Général & son Etat-
Major sont l'ame de l'Armée ; eux seuls font mouvoir ce grand Corps en tout ou en partie.

Le Maréchal-des-Logis doit être si consommé dans
l'art de la guerre, qu'on le puisse juger digne de
commander en Chef. On a vû de fort bons Généraux ne pas réussir, faute d'avoir auprès d'eux un
homme assez intelligent pour bien diriger leurs entreprises : on en a vû d'autres au contraire assez mé-
diocres, se faire une réputation brillante, dont ils
n'étoient redevables qu'aux talens de leur Maréchal-
des-Logis. Mais quand cet Officier & le Général
sont également bons, que ne doit-on pas attendre
d'une Armée ? La derniere guerre, si glorieuse pour
les François, en est une preuve assez convaincante.

Après le Général, l'Intendant est celui, dont le
service importe davantage. Si le premier conduit les
opérations, le second fournit aux moyens de les
faire réussir, en veillant à la subsistance des troupes,
qui sans elles ont les bras liés. (a)

______

(a) Pour ne pas manquer de vivres, il faut prévoir à s'en

Cependant quelqu'habile qu'il foit, le Général ne doit pas tellement fe repofer fur lui, qu'il néglige de prendre une connoiffance exacte de fes difpofitions.

S'il néglige de s'inftruire (*a*) de tems en tems à cet égard, peut-il agir conféquemment dans fes deffeins, & ne pas s'expofer à faire des fautes qu'il fe reprocheroit avec d'autant plus de raifon, qu'il eft feul refponfable de tous les événemens? Il eft donc néceffaire que le Commandant en chef ne cache rien à l'Intendant de l'Armée de la plûpart de fes projets, toutes les fois que leur exécution pourra dépendre de l'emplacement des fubfiftances, fur-tout fi des circonftances non prévûes l'obligent à faire marcher les Troupes dans des cantons éloignés des Magafins.

fournir au même tems qu'on fe prépare à la guerre. Louis XIV. méditant de porter la guerre en Allemagne, fit acheter tous les grains de la Souabe & de la Franconie, dont il remplit fes Magafins de Lorraine & d'Alface. Par cette précaution fes Armées eurent les vivres en abondance, & celles des ennemis en manquerent.

(*a*) Les mauvais fuccès de Charles VIII. & de Louis XII. en Italie, provenoient de ce que tout manquoit à l'Armée, quoiqu'on les eût affurés que les Magafins étoient pourvus de toutes les munitions néceffaires. Si les Chefs les avoient vifités eux-mêmes, ils n'euffent pas été trompés par des Commiffaires avides de s'enrichir, au préjudice du Service.

CHAPITRE IX.

De l'entrée de la Campagne.

NOUS avons parlé dans les Chapitres précédens de toutes les qualités nécessaires à un Général, & qui réunissent en lui le Héros, le Sujet fidele, le zélé Citoyen, l'honnête homme & l'homme vertueux. Tel a été le Vicomte de Turenne & un très-petit nombre d'excellens Généraux dont les noms toujours chéris passeront de bouche en bouche jusqu'à la derniere postérité. Plusieurs ont été braves, entreprenans & souvent heureux.(a)Ils ont fait du bruit pendant quelques années, mais n'ayant eu qu'un faux air de ressemblance avec les (b) vrais Héros,ils ont à peine cessé de vivre,que leur gloire & leur réputation se sont évanouies pour toujours avec eux. Je ne crois pas ces réflexions inutiles au dessein qui m'a fait entreprendre cet Ouvrage, en partie pour

(a) Ciceron disoit que si les Romains avoient accordé si souvent le commandement de leurs Armées à Scipion & à Marius, ce n'étoit pas seulement par rapport à leur conduite & à leur intelligence,mais encore à cause de leur bonheur dans leurs entreprises.

(b) Le véritable Héros n'envisage dans ce qu'il fait que ce qu'il doit faire; il dédaigne tous les autres motifs qui pourroient l'engager aux mêmes choses. Il regarde les dangers comme les charges de sa profession, & ne voit d'autre récompense que dans la satisfaction qu'il reçoit de sa fidélité & de son exactitude à servir son Prince & sa Patrie. A l'égard des autres, ils sont comme de certains tableaux, qu'il ne faut pas regarder de trop près, si l'on en veut faire quelque estime.

les jeunes gens qui entrent dans le Service.

La diligence avec laquelle les Armées Françoises ont devancé en plus d'une occafion celles des ennemis (*a*) nous a procuré des avantages fréquens ; ainfi quoique les Troupes viennent au rendez-vous général par divers endroits, le Commandant en chef doit fi bien combiner leur marche, qu'elles s'y trouvent, autant qu'il eft poffible, en même tems, afin que tout foit prêt, pour entrer de bonne heure en campagne. (*b*)

Sitôt que l'Armée eft affemblée, il forme un ordre de bataille fur deux ou trois lignes, & marque à chaque Officier général le pofte qu'il doit occuper, auffi-bien qu'à tous les différens corps. Si quelquefois la fituation des lieux ou d'autres circonftances obligent le Général de faire quelque changement, l'ordre doit être rétabli, fitôt que la caufe ne fubfifte plus.

Quelqu'avantageufe que foit en elle-même la tactique, on en tireroit encore de plus grands fruits, s'il étoit poffible de la rendre, en quelque forte, immuable, & de combiner tous les mouvemens & toutes les manœuvres géométriquement. C'eft en fuivant ces principes que les Grecs & les Romains (*c*) ont fi fort illuftré l'Art Militaire, &

(*a*) Tite-Live dit que jamais les Romains n'eurent aucune guerre plus périlleufe à foutenir que celle contre les Sabins, parce qu'ils faifoient fentir à Rome la force de leurs armes avant que d'en faire la menace.

(*b*) Il eft plus prudent de prévenir les ennemis que de les attendre chez foi ; parce qu'on a l'avantage de ruiner leurs Provinces & de conferver les fiennes. C'étoit l'ufage des Romains qui n'étoient nulle part fi aifés à vaincre que chez eux.

(*c*) Il faut regarder les Romains comme les Maîtres dans

qu'ils y ont fait de si grands progrès.

Il seroit facile de les imiter, si l'on vouloit faire une étude réflechie de leur Tactique (*a*) & en adopter ce qu'on jugeroit de plus utile au tems présent. La discipline en seroit bien plus exacte, & la subordination mieux observée.

Les évolutions particulieres de chaque Régiment, celles des Brigades, & les mouvemens d'une Armée en corps, doivent être également combinés. Mais nous en parlerons plus au long dans le cours de cet Ouvrage.

l'art de la guerre : La discipline est le vrai principe de la valeur. L'Histoire nous apprend qu'ils n'ont conquis & conservé si long-tems l'Empire du Monde que par leur bonne discipline. Ils ne souffroient pas qu'il fût fait la moindre chose dans leurs Armées, sans ordre & sans régle. On n'osoit prendre ses repas ou le repos, vendre ou acheter, en un mot, aucune action militaire ou civile ne pouvoit être faite, si elle n'étoit ordonnée par le Général.

(*a*) Polybe dit, parlant de la discipline militaire, que les choses qui au commencement paroissent le plus difficiles & même impossibles, deviennent dans la suite tout-à-fait aisées par le tems & la coutume. C'est pourquoi les difficultés que l'on prévoit d'abord, ne doivent pas détourner de faire ce qui paroît le plus avantageux.

CHAPITRE X.

De l'art de Camper.

L'ART de camper est une étude de théorie & de pratique, (*a*) qui demande beaucoup de tems & d'application : aussi est-ce une des parties les plus essentielles du Général. Souvent & presque toujours il ne fait que désigner le canton où il veut camper. Après que le Maréchal-des-Logis l'a reconnu, il en fait le rapport au Chef, qui laisse au Maréchal de Camp le soin d'en ordonner, bien entendu que le Général doit connoître le pays & voir d'un coup d'œil sur quoi sont appuyées les aîles de son Camp, la nature du terrain qui se trouve vis-à-vis de lui, & la profondeur qu'il y peut donner, afin de juger sur combien de lignes il doit l'asseoir. Mais comme il y a différentes façons de l'établir, il doit examiner s'il est sur l'offensive (*b*) ou sur la défensive ; supérieur ou inférieur en forces à l'ennemi ; si le pays qu'il veut occuper, est un pays de montagnes, de plaine, ou coupé ; si les derrieres de son

(*a*) Si vous êtes supérieur en Cavalerie, campez en plaine ; si au contraire vos forces sont dans l'Infanterie, choisissez un pays couvert ; mais ayez attention d'avoir la communication libre des corps les uns avec les autres, & surtout un terrain à pouvoir vous former.

(*b*) Quand on est sur l'offensive, on peut se partager, couvrir son pays avec une partie de ses Troupes & attaquer avec le reste. Cette précaution empêche les diversions, qui sont très-souvent dangereuses, & dont on n'a que trop d'exemples.

Camp ont une communication libre avec ſes Magaſins ; enfin ſi les endroits où l'on a dépoſé les
munitions de guerre & de bouche, n'ont rien à craindre du voiſinage des villes frontieres.

Si l'on veut camper dans un pays de montagnes ,
il faut en garder les défilés & ne négliger aucune
des gorges par où l'ennemi pourroit nous ſurpren-
dre. (a) Il faut ſurtout s'emparer des hauteurs, afin
que nous puiſſions découvrir tous ſes mouvemens , &
faire en ſorte qu'il ne découvre aucun des nôtres.

Si le Camp eſt en plaine, il faut que les aîles
en ſoient bien appuyées ou ſur une riviere, ou ſur
un foſſé, ou ſur un bois. Si c'eſt un bois, il faut
faire des abbatis ; ſi c'eſt un foſſé, des retranchemens & tout ce que l'Art peut ſuggérer en pareille
occaſion. On doit obſerver que le terrain qui fait
face au Camp, ſoit aſſez vaſte pour que l'Armée
puiſſe ſe développer & ſe mettre en bataille. Il eſt
avantageux d'avoir devant ſoi une riviere ou un ravin, pour empêcher l'approche de l'ennemi ou pour
l'arrêter dans ſa marche & avoir par-là le tems de
faire ſes diſpoſitions.

Si le pays eſt coupé & qu'on n'y puiſſe camper
réguliérement, on peut ſe partager ; mais ſans trop
s'écarter les uns des autres , & faire occuper les
grands chemins , les villages , les châteaux & tout
ce qui eſt capable de ſuppléer à un Camp régulier ;

(a) En 1675. M. de Turenne voyant l'Armée ennemie ,
commandée par le Général Montecuculi, campée dans un
terrain très-avantageux par le front & retranchée ſur les bords
du Rechem, remarqua que la gauche étoit négligée : il fit
paſſer cette riviére à ſa ſeconde ligne pendant la nuit , & à
la pointe du jour il marcha avec le reſte gagnant la gauche de
l'Armée ennemie. Cette marche obligea le Général Montecuculi de décamper à la hâte , & ſon arriere-garde perdit
beaucoup.

il faut choifir un terrain propre à fe mettre en bataille, le nettoyer de tout ce qui pourroit y apporter obftacle & avoir plufieurs petits Partis en campagne pour être inftruits des mouvemens de l'ennemi.

Si l'on eft fur la défenfive, (*a*) c'eft là où le talent d'un grand Général fe montre dans tout fon jour, & où il a befoin d'une combinaifon bien jufte pour le choix d'un Camp, qui déja fort par fa fituation, le devienne encore davantage par le fecours de l'Art, & mettre l'ennemi, quoique fupérieur, hors d'état de le forcer & de faire des incurfions fur nos terres. Il faut même que fa pofition foit telle, qu'elle puiffe l'incommoder dans fes entreprifes, foit en lui enlevant des convois, foit en l'inquiétant dans fes fourages, ou en jettant à propos du fecours dans les Places qu'il auroit deffein d'affiéger ; il faut enfin être à portée de profiter de fes fauffes démarches, & même des moindres fautes qu'il pourroit faire.

On m'objectera peut-être qu'il n'eft pas toujours facile de trouver une pofition auffi avantageufe que celle que je fuppofe ; d'accord : cependant on en voit plus d'un exemple dans les Mémoires de M. de Turenne, qui défit tant en Allemagne qu'en Alface, l'Armée ennemie plus forte que la nôtre de moitié.

(*a*] L'effentiel d'une défenfive, eft de couvrir fon pays, d'être à portée de fes fubfiftances, d'avoir un camp refferré & fort, pofé fur une riviere, & les aîles fi bien appuyées, qu'elles foient hors d'infulte.

Le dernier camp de Courtray eft un exemple de l'avantage qu'il y a de fçavoir connoître le fort & le foible d'un Camp ; c'étoit une partie de l'art que le Maréchal de Turenne poffédoit parfaitement : avec une Armée peu nombreufe, il faifoit trembler toute l'Allemagne.

Nous lifons dans les Campagnes de Charles XII. plufieurs traits femblables.

Il eft d'autant plus facile à un Général de conduire une guerre offenfive (*a*) qu'il eft plus en état de faire la loi à fon ennemi, s'il fe conduit avec prudence & s'il ne compte point trop fur fes avantages. Il doit avoir dirigé fes opérations avant que de rien entreprendre & avoir prévû tous les accidens qui peuvent arriver : car fouvent par l'incapacité ou la préfomption du Général, joint au peu de difcipline, une Armée s'eft vûe après trois mois de campagne, obligée de fe tenir fur la défenfive, ou pour l'ordinaire on ne fe foutient pas long-tems, parce que les Troupes une fois découragées, font bientôt défaites.

Un Camp qui a beaucoup d'étendue, eft fouvent coupé par des ravins & des ruiffeaux ; comment y remédier, fi ce n'eft par des communications ? Cependant pour avoir trop négligé un pareil fecours, combien de fois a-t-on été obligé de faire un grand circuit pour aller d'une Brigade à l'autre ? Dans quel défordre cette négligence ne jetteroit-elle pas une Armée, fur-tout dans une attaque imprévûe ?

Lorfqu'un Camp eft affis au bord d'une riviere ou au débouché de quelques défilés, il eft bon qu'il foit d'une grande étendue. Hors de là, une Armée campée fur une grande ligne, multiplie à l'infini fa garde & la rend très-difficile ; au lieu qu'une Armée qui a beaucoup de profondeur, occupe moins de monde.

(*a*) Tant qu'Edouard, Roi d'Angleterre, fit la guerre offenfive, les Anglois contribuerent toujours avec plaifir aux frais de la guerre : mais l'Hiftoire nous apprend que Richard, fon fucceffeur, ayant une guerre défenfive à foutenir contre la France & l'Ecoffe, le Peuple en fit les frais avec peine, & ce Prince perdit toutes les conquêtes que fon prédéceffeur avoit faites.

CHAPITRE XI.

Des Campemens.

IL est d'usage, quand on change de Camp, d'envoyer le Maréchal de Camp de jour avec les Fourriers, les nouvelles gardes, & quelques Compagnies de Grenadiers, pour marquer le nouveau : s'il est peu éloigné de l'ennemi, il est nécessaire d'augmenter l'escorte & d'y marcher avec tout l'ordre & toute la précaution possible, afin d'éviter un échec imprévû. La disposition de la marche d'un Camp à un autre, doit être pareille à celle des détachemens.

Quand les campemens sont arrivés sur le terrain destiné à camper, il est de la prudence de celui qui commande, de prévenir toutes surprises, (a) en se mettant en bataille vis-à-vis l'endroit d'où l'ennemi peut venir, & de le couvrir de façon, qu'en cas d'attaque le campement puisse prendre les armes & se mettre en défense. Pour cet effet on donneroit aux Fourriers un point de rendez-vous. Celui qui commande, doit laisser de petits postes de distance en distance le long de la route que doit prendre l'Armée, afin qu'il soit plus à portée de communiquer avec le Général.

Planche premiere.

Quand le Maréchal de Camp juge que le Camp

(a) On a vû plus d'un exemple de Campemens qui ont été insultés & même battus. On ne citera que celui dont parle Polybe, où Annibal tailla en pieces l'avant-garde du Consul Flaminius, ensuite tombant sur le corps de l'Armée, il la défit près du lac de Trasimene.

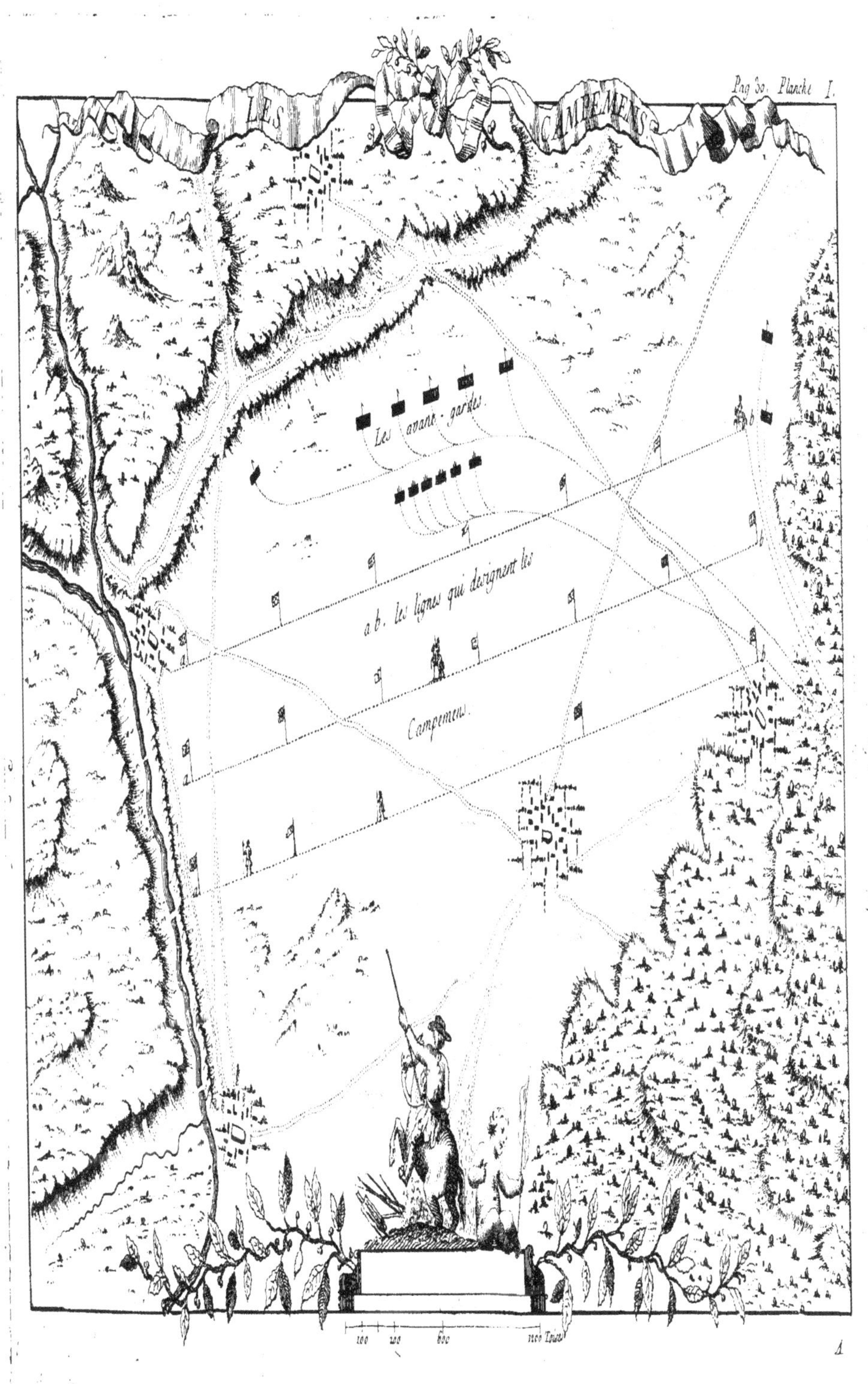
Pag 30. Planche I.
LES CAMPEMENS
Les avant-gardes.
a b. les lignes qui designent les
Campemens.
100 200 600 1200 Toises
A

est à peu près marqué , & qu'il n'a rien à craindre de l'ennemi , il doit poster ses grand-gardes & ses gardes ordinaires. Il faut que le Brigadier , le Colonel & le Lieutenant-Colonel assistent le Maréchal de Camp dans cette opération. Bien poster les gardes , est une des parties les plus difficiles de la guerre. C'est donc à l'Officier Général à indiquer aux Officiers du Piquet , l'endroit où il veut qu'elles soient postées , & aller ensuite les visiter , afin de connoître par lui-même si elles sont en régle.

Il est nécessaire , & sur-tout au commencement d'une campagne , d'avoir égard , dans le choix d'un Camp , à tout ce qui peut contribuer à la conservation des hommes & des chevaux. Il faut que l'air y soit pur , l'eau bonne , & le terrain fort sain. Autrement une Armée dépérit au bout de quelques mois ; & le Général court risque de voir échouer ses desseins. C'est au Maréchal des Logis à s'informer des habitans si la nature du pays est saine & si les maladies n'y sont pas fréquentes. Comme cet Officier doit être toujours muni de plusieurs plans de marche , il convient au Général de les examiner , & de s'en tenir à celui qui lui paroît le plus avantageux.

CHAPITRE XII.

D'un Camp & de l'Ordre de Bataille.

APRÉS avoir fait connoître ce qui regarde un Camp, & les dispositions du campement , il est à propos de détailler les diverses opinions sur l'ordre de bataille. Plusieurs fameux Généraux ont préféré une premiere ligne d'une grande étendue à une moins grande & de plus de profondeur ; d'autres ont pris la voye contraire. Les premiers soutiennent qu'un ordre de bataille tel qu'ils le proposent, peut plus aisément prendre son ennemi en flanc, ou l'envelopper (*a*) ; les seconds disent qu'une ligne qui s'étend trop loin est facilement percée ou rompue par le centre, & qu'une Armée coupée en deux est à demi-vaincue.

Planc. II.　Si j'osois hazarder ici mon sentiment sur la façon de camper une Armée & de la ranger en ordre de bataille ; je la voudrois en plaine sur trois lignes, (*b*) en appuyant mes aîles de façon qu'elles ne pussent être ni prises en flanc, ni enveloppées.

Ma premiere ligne seroit de deux cinquiémes plus forte en Infanterie que la seconde, & celle-ci d'un cinquiéme au-dessus de la troisiéme. La Cavalerie sur les aîles, & entremêlée d'Infanterie, couverte sur les flancs par des Troupes légeres, & des Dragons.

La seconde ligne seroit à peu près de même, laissant un plus grand intervalle entre les Brigades : & la troisiéme ligne seroit composée d'Infanterie au centre, de quelque Cavalerie, du reste des Dragons

(*a*) Alexandre le Grand, fort inférieur en forces à Darius, attendit l'Ennemi, plutôt que de sortir de son Camp pour l'attaquer. Sans cette précaution, il auroit couru risque d'être enveloppé.

(*b*) Tite-Live rapporte que Max. Camil. Général de l'Armée Romaine, ne dut la victoire qu'il remporta sur les Volsques qu'à la profondeur de son ordre de bataille ; sa premiere ligne ayant été battue, elle vint se rallier derriere la troisiéme, & les deux autres ayant repoussé l'Armée ennemie, se rendirent maitresses du champ de bataille.

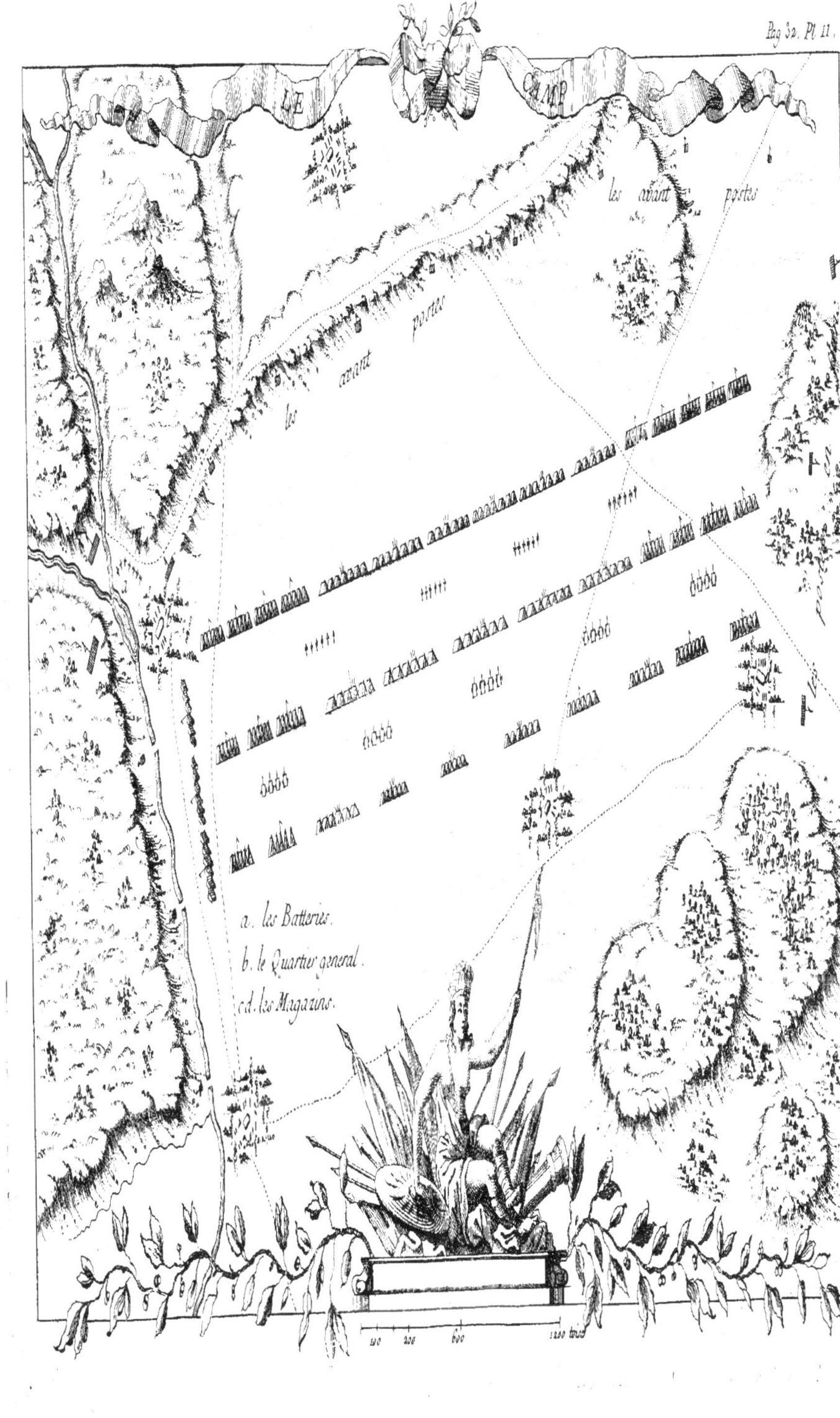

Pag 32. Pl. 11.
LE CAMP
les avant postes
les avant postes
a. les Batteries.
b. le Quartier general.
c. d. les Magazins.
100 200 600 1200 toises
B

gons & Troupes légeres , & d'une Brigade d'Infa-
terie au centre de l'aîle.

Entre la premiere & la feconde ligne, feroit le
Parc de l'Artillerie en plufieurs Brigades féparées,
de même que les vivres entre la feconde & la troifiéme ligne.

Par cette façon de camper on occupe moins de
monde pour la garde ; on fe trouve en ordre de bataille fans fe déranger , & cela par tous les fens : on
fait telle marche & fur autant de colonnes qu'on le
juge à propos, fans que les équipages puiffent caufer de l'embarras , ni les colonnes fe croifer pour
aller occuper un nouveau Camp, puifque les marches fe font dans le même ordre que l'on eft campé. C'eft ce que nous tâcherons de démontrer dans
les articles qui concernent chacun de ces mouvemens.

Il feroit très-utile d'attacher à chaque Brigade
des piéces de campagne ; on en tireroit de grands
avantages en différentes occafions.

Dans le Chapitre des Troupes légeres , je feraï
connoître la néceffité de les partager dans les Brigades, pour foulager les Troupes réglées des gardes
ordinaires , qui leur font fort à charge , & fouvent
préjudiciables au Service. Je fuppofe que ces Troupes foient chargées des grands - gardes ; les Piquets d'Infanterie, lors de la retraite, fe porteroient
en avant du Camp à trois ou quatre cents pas, laif-
fant un Caporal & dix hommes au Camp pour
fournir aux fonctions ; les Troupes légeres à cheval, feroient chargées des patrouilles , dont on re
fçauroit faire affez d'ufage. C'eft par elles qu'on
doit être averti des mouvemens & des marches de
l'ennemi ; & fi elles font bien leur devoir, elles
contribuent beaucoup à la tranquillité d'une Armée.

C

Il ne suffit pas qu'un Général connoisse à fond
le terrain & les différens postes que ses Troupes
doivent occuper ; il faut qu'il sçache encore la position de celles des ennemis, & qu'il prévienne tout
ce qu'ils peuvent entreprendre pour la réussite de
leurs desseins.

Examiner tous les mouvemens qu'il devroit faire,
s'il étoit à leur place, & ce qu'il faudroit y opposer, est une méthode sûre pour les prévenir dans les
postes avantageux. C'est par une suite réfléchie de
cette méthode, qu'il n'a garde de mettre aux prises
avec l'ennemi le moindre détachement (a) de son
Armée, s'il ne le juge absolument nécessaire.

Pour qu'un Camp soit en régle de tout point, (b)
tant par la position, que pour la commodité des
choses de la vie, il faut examiner s'il a sa provi-
sion d'eau suffisante, tant à la droite & à la gauche
qu'au centre ; car c'est un secours qui est absolument
nécessaire.

Si-tôt que les grands-gardes sont posées, elles
doivent travailler à se retrancher de leur mieux ; les
Officiers de jour & de piquet doivent aussi avoir

(a) En 1675. le Maréchal de Créqui fut obligé de recevoir la Bataille près de Consarbruk, pour n'avoir pas été instruit à tems de la marche de l'ennemi : aussi fut-il battu.
Mais il répara sa faute en 1677. en surprenant l'Armée du
Prince de Saxe Heisenach. Il passa le Rhin, à son insçu,
l'obligea de se réfugier dans une des Isles de ce Fleuve, d'où
il ne sortit avec ses Troupes que par capitulation. Combien
citeroit-on encore d'autres exemples plus récens !

(b) La bonne position d'un Camp empêche les entreprises d'un ennemi. Le Prince Maurice de Nassau voulant secourir Breda, fit tout son possible pour obliger les Espagnols à
sortir de leur position avantageuse ; il menaça plusieurs Places, mais inutilement : Breda fut pris & ce Prince en mourut
de chagrin.

l'œil que les Officiers de garde tirent le plus d'a-
vantage qu'ils pourront du terrain où ils sont postés.

Quand on a pris un Camp, & que le pays entre
l'ennemi & nous est couvert, il peut y venir quelquefois sans risque & nous inquiéter ; ce qui tient
nécessairement une Armée sur le *qui vive*. Cependant quand on a été forcé de le prendre, on peut
par de petites patrouilles & très - fréquentes être
instruit des mouvemens de l'ennemi, & être d'autant
plus tranquille sur ses entreprises.

S'il faisoit quelques tentatives pour venir à nous ,
il faut sçavoir s'il y peut venir sur un grand front ,
ou s'il y a des défilés ; s'il se rencontre un terrain
propre à se former, & si la retraite est facile, afin d'a-
gir en conséquence.

Pour profiter d'un terrain avantageux , on est
forcé quelquefois de prêter le flanc à l'ennemi ; cette
position est dangereuse tant par la difficulté de se
ranger en bataille pour le recevoir en cas d'attaque ,
que pour le tems qu'il faut employer pour mettre
en régle l'aîle opposée. Si l'on est obligé de prendre
cette position, il faut que l'aîle qui prête le flanc ,
soit fortifiée par le terrain & par l'Art, de façon
qu'elle ne puisse être tournée.

On ne doit rien négliger pour assurer la communication de l'Armée aux Magasins , afin d'obliger
l'ennemi, qui viendroit la troubler, à prendre un
grand détour , & pour lui faire courir le risque
d'être coupé dans sa retraite.

Il seroit à souhaiter que le bois fût à portée du
Camp, & que le Soldat pût y aller sans être exposé
aux insultes de l'ennemi.

CHAPITRE XIII.

Des Marches d'une Armée.

SI l'on me demande lequel est le plus fort & le plus avantageux de faire une marche avec une Armée campée sur un grand front, ou avec une qui le seroit sur un moins grand & de moins de profondeur ; je réponds que les mouvemens pour former une marche me paroissent plus aisés dans le dernier. On y peut marcher de la même façon que l'on est campé, en faisant faire un quart de conversion par division & en faisant marcher les équipages à la queue de l'Artillerie & des vivres. Si le terrain permet de multiplier les colonnes, on pourra les couper tant qu'on voudra, en coupant les lignes par le centre.

Il y a plusieurs façons de marcher en corps d'Armée ; tout dépend de la situation où l'on est campé, & des différens terrains que l'on doit parcourir dans la marche. J'ai fait voir dans l'article des Campemens qu'en plaine & dans un pays couvert : il étoit facile de former une marche sans le déranger, & même de multiplier les colonnes. Cependant il y a quelques observations à faire sur les moyens de l'assurer.

Je suppose qu'elle se fait sur trois colonnes de Troupes, & sur deux d'équipages d'Artillerie & de vivres ; il faut que les Troupes légeres soient à une certaine distance des flancs des colonnes, tant pour éclairer la marche que pour la couvrir ; les équipages ont besoin d'être escortés, quand le terrain n'est pas assez étendu pour les mettre en sureté

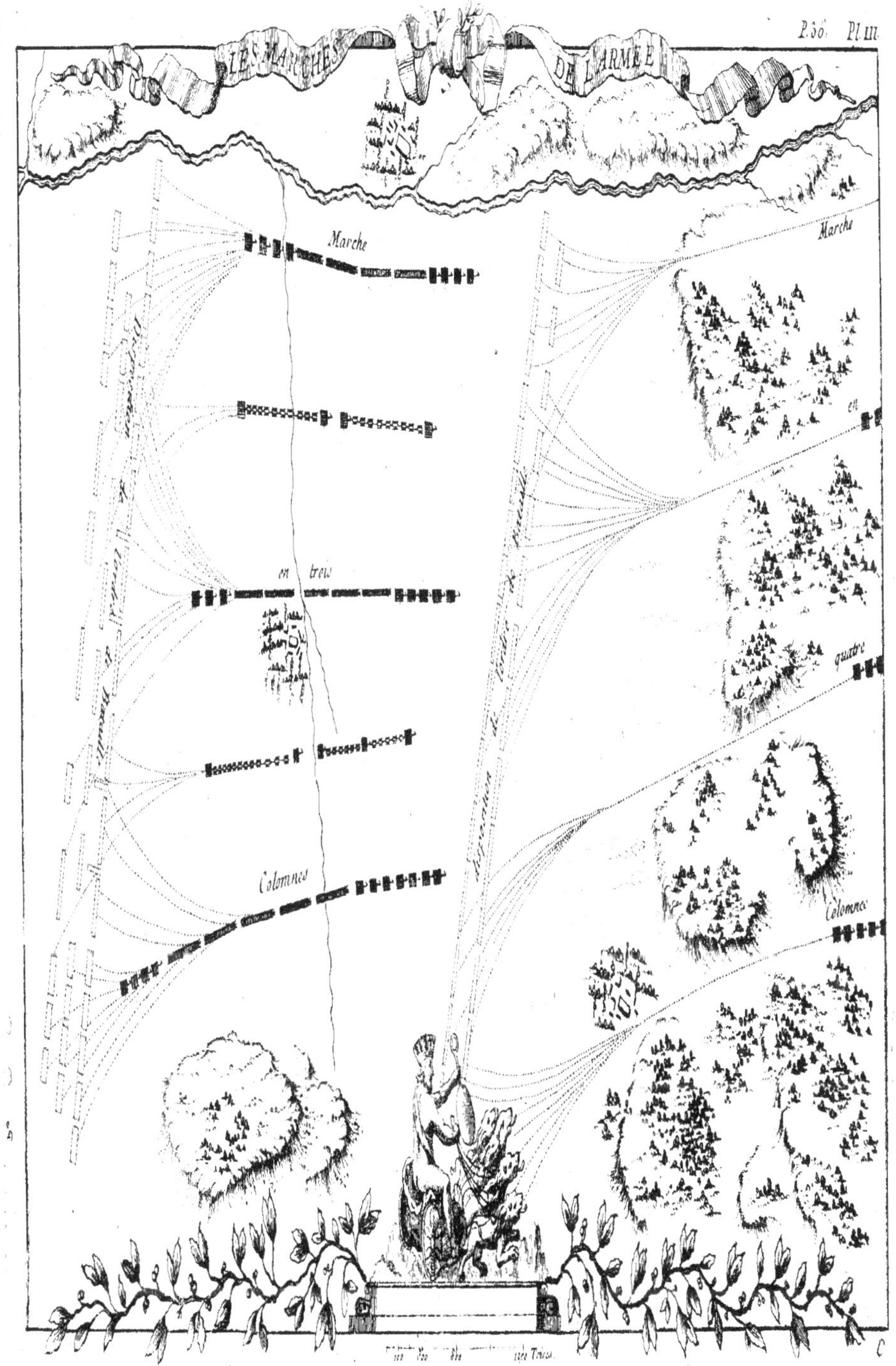

P. 56. Pl. III.
LES MARCHES DE L'ARMÉE
Marche
Marche
en
en trois
quatre
Colomnes
Colomnes
C

Entre les colonnes ; & les escortes doivent être proportionnées au plus ou au moins de proximité de
l'ennemi. (a)

Nous voyons par plusieurs exemples dans l'Histoire ancienne & moderne, que différentes armes,
mêlées ensemble, concourent à se soutenir mutuellement. Quoique depuis l'invention de la poudre ;
cette méthode se trouve moins nécessaire, elle a eu
cependant son utilité dans ces derniers tems, où la
Cavalerie mêlée avec l'Infanterie a produit des avantages considérables en plusieurs occasions. Il est
donc, ce me semble, à propos de s'en servir quelquefois, & surtout dans des affaires importantes,
où il s'agit de gros détachemens, de Bataille &
autres. C'est à l'intelligence de l'Officier général à
décider de l'occasion où l'on en peut faire usage.
On sçait que l'Infanterie en plaine, n'a pas moins
besoin d'être soutenue de la Cavalerie, que la Cavalerie d'être secondée de l'Infanterie dans les Pays
couverts ; on peut tirer les mêmes avantages des
Dragons, Hussards & Troupes légéres, tant pour
couvrir une marche (b) que pour découvrir la manœuvre des ennemis, ou pour être à la tête des
attaques.

(a) Chaque guerre peut nous fournir des exemples d'équipages pris par l'ennemi ; ces pertes ruinent ordinairement l'Officier Général & le particulier : le Prince de Condé, au décampement de Senef, par la négligence des ennemis, s'empara d'une grande partie de leurs équipages. Le même enleva
à M. de Turenne tous les siens, quand il marcha au secours
d'Arras.

(b) Le Chevalier Metro dit dans ses Mémoires qu'en 1581.
l'Armée des Hollandois marchant avec beaucoup de sécurité,
sans avoir aucune troupe pour éclairer leur marche, Mon-
tigni, Général Espagnol, les attaqua à l'improviste : &
n'ayant pas eu le tems de se former, leur confusion causa leur
défaite.

Si l'Armée eſt obligée de traverſer un pays coupé & qu'elle ne puiſſe marcher que ſur deux colonnes de Troupes , & une ou deux d'équipages , il faut
partager la ſeconde ligne dans la premiere & la troiſiéme , avec la précaution dont il a été parlé ci-
devant , pour couvrir les flancs & éclairer la marche.

S'il s'agit de paſſer une riviere , il eſt à préſumer
que le Maréchal des Logis a fait ſonder les gués ,
qui peuvent en faciliter la voye, ou qu'à leur défaut
il a pris les meſures néceſſaires pour y jetter des
ponts ; (a) pour lors une partie de l'Infanterie paſſe
& ſe poſte de maniere , qu'elle aſſure le paſſage du
reſte de l'Armée.

Si cette riviere eſt défendue , les petites piéces
de canon attachées aux Brigades & jointes à celles
de l'avant-garde en éloignent les ennemis , en atten-
dant que la colonne d'Artillerie ſoit arrivée.

Si quelqu'une des colonnes ſe trouve dans un chemin ſi étroit , qu'elle n'y puiſſe paſſer qu'avec un petit
front , (b) il faut que l'Infanterie précédée de la
Cavalerie , ſe forme au débouché des défilés , &

(a) Germanicus voulant entrer dans l'Allemagne, où les
chemins étoient étroits & le pays coupé de rivieres & de
marais, fit avancer Cecinna avec un détachement pour agran-
dir les chemins dans les bois, jetter des ponts ſur les rivieres, & élever des paſſages au travers des marais. Perſonne
n'étoit exemt d'y travailler, Soldats, Valets & autres. Cette
précaution rendit ſes marches également faciles & ſûres.

(b) Don Alvaro de Fuente, Général Eſpagnol, commandant un gros détachement & ſe voyant pourſuivi par
l'Armée Françoiſe au moment qu'il devoit entrer dans un
bois , dont le chemin étoit ſi étroit qu'il n'y pouvoit paſſer
que ſur un petit front, ce qui mettoit ſa Cavalerie en danger , porta ſon Infanterie ſur la liſiere du bois , & fit entrer
ſa Cavalerie la premiere ; ſa contenance ferme arrêta le Maréchal de Briſſac , Général de l'Armée Françoiſe , qui ne put
ni l'entamer , ni lui cauſer le moindre déſordre.

qu'elle attende que l'ordre de la marche foit rétabli, pour la continuer. Si c'eft un pays de montagnes, (*a*) il faut qu'un corps de Troupes, moins fort en Cavalerie qu'en Infanterie, s'empare des gorges, qui pourroient fe trouver fur la route, & des hauteurs (*b*) pour couvrir le flanc de l'Armée.

Il n'y a point de terrain dont elle ne puiffe profiter avec avantage, lorfque fon Chef en fçait conduire la marche & qu'un habile Maréchal des Logis lui en applanit toutes les difficultés. Mais un Officier général, qui ne commande qu'un corps féparé ou un gros détachement, doit ufer de la même méthode & des mêmes précautions, s'il veut éviter les rifques de tomber dans quelques embufcades & d'être battu. (*c*)

Rien n'eft fi dangereux à la guerre que le trop de fécurité ; ce feul défaut a prefque toujours occa-

---

(*a*) Plufieurs exemples, dont les fuites ont été fâcheufes, font affez connoître la néceffité de s'emparer des gorges & des défilés, quand une Armée marche dans un pays de montagnes. Si les Confuls Veturius & Pofthumius, avoient fenti l'importance d'être maîtres des Fourches Caudines, ils n'euffent pas eu la honte de fubir le joug de l'ennemi.

(*b*) Le Conful Cornelius s'étant engagé dans une forêt, & les ennemis s'étant rendus maîtres des hauteurs, il fe crut perdu, fe voyant enveloppé & n'appercevant qu'une valée très-étroite pour déboucher : il ne dut fon falut qu'à la valeur de Décius, Tribun Militaire, qui fut avec un détachement s'emparer d'une éminence, qui dominoit les ennemis. Ceux-ci l'ayant apperçu, fe crurent eux-mêmes perdus, ce qui les fit retirer précipitamment.

(*c*) Quand une Armée Romaine marchoit, c'étoit avec la même précaution en plaine & dans les bois, de crainte des embufcades ; que ce fût en pays d'ennemi ou d'ami, il y avoit toujours un corps de Cavalerie & d'Infanterie deftiné à fouiller les environs pour affurer la marche. Cette régle de difcipline s'obfervoit en tems de paix comme en tems de guerre.

fionné le peu davantage que nos ennemis ont eu fur
nous ; l'aveugle confiance , la préfomption témé-
raire , & quelquefois l'ignorance , en font les principes , trois vices également préjudiciables au bien du
fervice. Il ne faut donc rien négliger & n'être pas
moins attentifs aux plus petites chofes qu'aux plus
grandes ; car enfin , s'il nous arrivoit quelque échec,
feroit-ce une excufe bien légitime de dire : *Je ne
l'avois pas prévû ?* (*a*) Le Général le plus habile peut
avoir du deffous ; mais ce ne doit jamais être par fa
faute ; & ne l'avoir pas fçu prévoir en eft une bien
grande.

Il eft quelquefois néceffaire de détacher un certain nombre de troupes pour former un Camp , qui
fe porte à la droite ou à la gauche de l'Armée , foit
pour couvrir un pays , foit pour fe porter fur le flanc
de l'ennemi , ou pour gagner une marche : alors il
faut obferver que la communication d'un Camp à
un autre foit affurée , de maniere qu'elle ne puiffe
être coupée , (*b*) y conftruire des retranchemens ou
des redoutes dans les intervalles , & fe faifir des
poftes les plus avantageux & les plus fufceptibles de
défenfe. On a vû plus d'une fois , faute de telles
précautions , des corps féparés , être ou enlevés ou
obligés de fe retirer en défordre fur l'Armée. Une
de nos dernieres guerres en fournit quelques exemples , trop connus pour les rapporter ici.

(*a*) Polybe , parlant d'un Général qui s'excufe fur un
je ne l'avois pas prévû , dit que cette façon de s'excufer deshonore un Commandant en Chef, qui doit penfer à tout &
prévoir tous les accidens qui peuvent arriver.

(*b*) On a vû plus d'un exemple où des corps ont été
coupés ou féparés du gros de l'Armée , faute de n'avoir pas
établi des communications libres , ou des retraites affurées
pour fe rejoindre en cas de néceffité. C'eft ce qui eft arrivé
d'une maniere affez frappante dans une des dernieres guerres.

On peut former les marches en différentes façons, fçavoir par la droite, par la gauche, ou par
toutes les deux à la fois ; ou enfin par les lignes cou-
pées, la premiere faifant la tête de chaque colonne.

Mais le Lecteur trouvera bon que je le renvoye
fur cet article au Livre de *l'Art de la Guerre*, par
M. le Maréchal de Puiffegur, chap. 15. pag. 348.
il n'eft pas poffible d'y rien ajouter. L'Auteur y
confirme mon fiftême touchant l'avantage d'une Armée campée fur beaucoup de profondeur, ainfi
que ma difpofition touchant les différentes colonnes
dont cette Armée doit être compofée. un jour de
marche & la pofition de l'artillerie, des vivres &
des équipages, qui ne peuvent jamais ni embarraffer,
ni fe croifer avec les colonnes.

Quand une Armée marche en plaine, ou que
l'ennemi fe trouve campé fur l'un de fes flancs, (*a*)
il faut que les colonnes n'ayent qu'une divifion de
front, (*b*) parce que d'un mouvement elle fe trouve
en bataille. Si l'ennemi eft en face ou en queue, il
faut alors que les colonnes ayent au moins un Bataillon de front, afin d'occuper moins de terrain &
de pouvoir en fe doublant, fe mettre en bataille avec
plus de promptitude. Si l'Armée marche dans un bois
ou dans un pays couvert, il eft néceffaire que l'Infanterie marche du côté où eft l'ennemi, fur un auffi grand

(*a*) En 1674. la Bataille de Senefne fut gagnée que parce que
la Cavalerie fut obligée par le terrain à fe mettre en bataille
en écharpe & de prête. le flanc : quoiqu'il y eut un défilé à
paffer, l'occafion fut mife à profit.

(*b*) Le Général de Montluc étant obligé de prêter le flanc
en marchant au Maréchal de Strori, & étant à la vûe de
l'Armée d'Efpagne, commandée par le Général Martegrano,
qui avoit fait élever des Batteries pour les battre en flanc, il
marcha par divifion, & il perdit très-peu de monde dans fa
marche par fa bonne difpofition.

front que le terrain peut le permettre.

On doit renforcer l'avant-garde ou l'arriére-garde selon que les ennemis sont plus ou moins éloignés, & selon que les différentes colonnes le sont les unes des autres. L'avant-garde doit être renforcée dans une marche contre l'ennemi, & l'arriere-garde dans une retraite.

Si l'on a quelque attaque à craindre, il faut, pour la soutenir avec plus de vigueur, employer les meilleures troupes.

Quand les colonnes marchent éloignées les unes des autres, la prudence exige que l'on ait de petits Détachemens de Cavalerie dans les intervalles, pour fouiller le pays qui sépare les colonnes. Cette précaution est d'autant plus nécessaire, que si l'ennemi se porte entre elles, il y peut causer du désordre, surtout dans les marches de nuit. (*a*)

Il est assez ordinaire de faire marcher les Convalescens avec les Campemens ; mais on ne doit le faire que lorsqu'on n'a rien à craindre de l'ennemi ; autrement on court risque de les perdre. Il faut de plus les faire marcher ensemble, de peur qu'étant séparés, ils ne s'écartent & ne commettent dans les Villages, qui sont sur la route, des violences dont on n'a vû que trop d'exemples. Pour moi, je serois d'avis qu'on les fît marcher à la tête de l'Artillerie

---

(*a*) L'Armée Françoise faisant une marche de nuit en Alsace pour aller à Landau, un Partisan ennemi se glissa avec quarante hommes dans un ravin entre les deux colonnes, & fit faire feu sur les deux en même tems ; chaque colonne se croyant attaquée, répondit au feu du côté qu'il venoit ; le Partisan charmé du désordre qu'il avoit causé, se retira, laissant les deux colonnes aux prises l'une contre l'autre. L'erreur ne parut qu'avec le jour, & l'on fut bien surpris du grand nombre des morts & des blessés.

& des vivres, afin que l'on pût mettre fur les voitu-
res ceux qui fe trouveroient hors d'état de marcher.

Il eſt arrivé fouvent, quand une colonne vouloit
faire alte, de doubler les Brigades les unes fur les
autres; en forte qu'uné colonne fe trouvoit ramaſſée
dans un fort petit terrain. Cela ne fe doit pratiquer
que lorſqu'une marche eſt aſſez éloignée de l'ennemi pour n'en avoir rien à craindre. Hors-de-là il
faut faire alte de la même maniere que l'on eſt en marchant, avec les diſtances convenables entre les di-
viſions, afin de pouvoir fe mettre en bataille fur le
champ par un quart de converſion, en cas de befoin. (a)

Comme on eſt fouvent dans le cas de faire une
marche forcée, foit pour prendre un Camp avantageux, foit pour gagner ou dérober une marche fur
l'ennemi; il eſt bon, dans le milieu de la marche,
de détacher les campemens pour marquer un Camp
ſimulé, afin de donner le change aux eſpions; ſitôt
que les colonnes de l'Armée feroient arrivées fur le
terrain, elles y feroient alte, & de-là continueroient
la route juſqu'au véritable Camp. Cette régle a
réuſſi preſqu'autant de fois qu'elle a été miſe en pratique.

Il eſt néceſſaire qu'il y ait toujours à la tête de
chaque colonne un certain nombre de Travailleurs,
pour applanir le chemin par où la colonne doit paſ-
fer. Il faut leur donner pour Chef un Officier intelligent en cette partie, & un Officier de l'Etat-Ma-

---

(a) Athnas, Gouverneur de la Bactriane pour Alexandre,
au retour d'une expédition heureuſe dans cette Province,
fut attaqué par un Corps des exilés, dans le tems que ſes
Troupes faiſoient halte au bord d'une riviere, & n'ayant pas
eu le tems de fe former pour foutenir l'attaque, il fut défait.

jor , & les faire accompagner de plusieurs guides qui soient gens sûrs & connus.

S il y a quelque riviere à passer , & qu'il faille avoir recours aux Pontons , ils doivent marcher à la tête de la colonne , après les premieres divisions. Faute de les avoir reçus assez à tems , on a été souvent forcé de manquer une expédition importante & des mieux concertées. Pour ôter toute excuse de retard , je voudrois que plusieurs chariots de relais suivissent les Pontons, afin que si quelques uns venoient à se rompre , ils pussent être remplacés sur le champ.

On est souvent obligé de retrancher un Camp, sur-tout quand on est sur la défensive, (a) ou que l'on a ordre de ne pas combattre. Dans ces deux cas , il faut que les (b) retranchemens soient proportionnés au nombre de Troupes que l'on a , sans quoi on se trouve dans le défaut trop ordinaire de

(a) En 1695. Louis XIV. fit faire une ligne depuis l'Escaut jusques à la Lis, & depuis Courtray jusqu'à la Mer , tant pour arrêter l'Ennemi, que pour rester sur la défensive. On employa à cet ouvrage vingt mille Paysans , qui en huit jours firent sept mille toises d'un fossé profond de douze pieds & large de quinze, avec un parapet de dix pieds d'épaisseur. Quand les lignes sont si étendues , on est presque toujours obligé d'en abandonner une partie pour soutenir l'autre ; & c'est ce qui arriva.

(b) Dans les retranchemens que César fit construire au Camp de Triari ; à la vûe de Pharmcea , il y fit travailler tous les Valets de l'Armée , autant pour avancer l'ouvrage avec plus de promptitude , que pour avoir sous les armes un Corps de Troupes assez fort pour repousser l'Ennemi , en cas d'attaque.

Les attaques de nuit ne sont avantageuses qu'à ceux qui ont une exacte connoissance du Pays. Saluste dit que Jugurta & Bocchus avoient attaqué Marius de nuit, ou pour s'échapper , s'ils étoient vaincus, ou pour écraser sans ressource Marius, s'ils avoient le dessus.

ne pouvoir les défendre. C'eſt ce que nous expli-
querons dans le Chapitre de l'attaque & de la défenſe des retranchemens.

La méthode des Romains à cet égard étoit excellente. Inférieurs ou non, ils ſe retranchoient
toujours, autant pour occuper le Soldat & l'accoutumer au travail que pour être moins inquiétés dans
leurs Camps. Ils ne ſont pas inimitables, & peut-
être nous trouverions-nous mieux ſi nous ſuivions
en cela leur exemple.

Quand on change de Camp, il eſt néceſſaire de
partir aſſez à tems, pour que l'on puiſſe choiſir les
lieux propres à ſe retrancher, & faire ſes diſpoſitions avec une connoiſſance exacte du terrain que
l'Armée doit occuper ; ſinon il faut être toute la
nuit ſous les armes, de crainte de quelque ſurpriſe
de la part des Ennemis ; c'eſt auſſi le tems le plus
favorable pour l'attaque, lorſqu'on n'a pas celui de
s'établir.

CHAPITRE XIV.

De l'Ordre de Bataille.

LA différente poſition des lieux décide de la
façon de former un Ordre de Bataille, & les
lignes ſont plus ou moins grandes, ſelon que les aîles ſont plus ou moins ſolidement appuyées. Tous les
Auteurs anciens & autres, nous font aſſez connoître l'avantage qu'il y a d'avoir des régles ſûres &
géométriques, tant pour former un ordre de Bataille, ſelon le terrain que l'on occupe, que pour la

maniere dont les Troupes doivent se servir pour l'e-
xécuter. (*a*)

Quoique ces mouvemens soient en partie les mêmes , & qu'ils soient la base de ceux qui se pratiquent aujourd'hui , la différence des armes offensives
& défensives nous oblige de nous en écarter. M. le
Maréchal de Puissegur ne dit rien à ce sujet, qui ne
soit digne de lui ; je crois cependant qu'il ne peut
qu'être fort utile de faire sentir l'avantage que doit
avoir une Armée avec beaucoup de profondeur , sur
celle d'une grande étendue.

La Planche ci-jointe en donne, ainsi que l'article
des Camps , l'éclaircissement que l'on peut désirer.
L'un & l'autre font assez connoître la supériorité
d'un ordre de Bataille, quand il est secondé par un
terrain avantageux, tel que je le présente , de même
que la facilité de tous les mouvemens que l'on peut
faire sans se découvrir.

Je suppose que la riviere & le bois sur lesquels
les aîles font appuyées , contiennent une certaine
longueur de terrain , qui s'élargit à mesure qu'on
avance. Il est nécessaire, en cas que l'Armée marche
à l'Ennemi, que le vuide qu'elle laisse soit rempli
par les Dragons de la gauche qui font en colonne,
& que les Troupes de la seconde ligne fortifient la
droite du côté du bois, & soient remplacées par la

Pl. IV.

(*a*) Un Général doit connoître à fond le terrain d'un
Champ de Bataille , afin que s'il se rencontroit durant le combat quelqu'obstacle , il soit en état d'y remédier sur le champ ;
car rien n'est si dangereux que de faire quelque mouvement
en présence de l'Ennemi.

M. de Nemours n'ayant pas reconnu un petit fossé qui étoit
en avant d'une de ses aîles , fut obligé de faire faire un mouvement à sa Cavalerie pour l'éviter ; cette manœuvre lui fit
perdre la Bataille de Carignole.

LES ORDRES DE BATAILLE
Disposition du Camp.
Ordre de Bataille.
Ordre de Bataille.
Disposition du Camp.
100   200   500   1200 Toises
D

troisiéme ligne, (*a*) si utile par l'usage que l'on en fait, & par les secours que l'on en tire dans l'occasion.

Si le terrain le permettoit, & qu'on eût un nombre suffisant de Troupes, un Corps de réserve en sus fortifieroit encore davantage l'ordre de Bataille. Plusieurs fameux Généraux ont suivi cette méthode avec succès. Elle auroit encore aujourd'hui son utilité ; mais ici la colonne de la gauche & l'Infanterie en colonne le long de la premiere ligne, sont équivalentes.

Dans la position, ci-jointe, on est maître d'accepter ou non le combat : car il n'est pas vraisemblable que l'Ennemi qui est sur un grand front, & qui déborde par les aîles, songe à vouloir combattre, ayant d'un côté sa premiere ligne inutile, & ne pouvant de l'autre nous tourner, sans courir les risques de s'affoiblir en se partageant, puisqu'il seroit obligé de passer deux fois la riviere pour prendre en flanc la gauche, & que la droite se trouve hors d'insulte par les travaux que l'on a faits dans les bois.

Si l'Ennemi, dans la crainte d'un combat trop inégal, veut éviter d'en venir aux mains & se retirer ; sans rien déranger à l'ordre de Bataille, qui est le même que celui de camper, on peut le poursuivre en bataille ou en colonne, par la droite ou par la gauche.

(*a*) Si l'on veut renforcer quelqu'endroit foible de la premiere ligne, il est dangereux de faire ce mouvement d'une aîle à une autre. La seconde & la troisiéme ligne doivent fournir ces renforts.

A la Bataille de Munda, César ayant vû que Pompée avoit tiré une Légion de sa droite pour secourir sa gauche qui étoit en danger, attendit qu'elle fût un peu éloignée, & attaqua l'aîle droite, dégarnie de cette Légion, avec tant de force, qu'il la fit plier & qu'il remporta la victoire.

M. Folart fait affez connoître dans fon Polybe, l'avantage d'une artaque par colonne ; mais cet avantage me femble encore plus grand, quand les colonnes font foutenues par une ligne en bataille.

La Cavalerie & l'Infanterie mêlées enfemble, *(a)* fe prétent un fecours réciproque ; *(b)* mais il faut que l'Infanterie foit en petit nombre pour fe retirer facilement, en cas que la Cavalerie l'abandonne, ou affez nombreufe pour fe foutenir par elle-même, en cas qu'elle fe trouve attaquée par la Cavalerie ennemie.

La colonne des Dragons & Troupes légeres de la gauche, eft d'autant plus utile, qu'elle peut dans l'occafion prendre l'Ennemi en flanc, ou le pourfuivre dans une défaite.

Anciennement nos Armées n'étoient compofées que de vingt-cinq ou trente mille hommes, & nos plus grands Généraux n'en vouloient pas davantage. Ils prétendoient que les mouvemens d'une Armée peu nombreufe font bien plus faciles à faire que ceux d'une groffe Armée ; outre que la confommation en eft bien moins grande à tout égard.

Ces réflexions, je l'avoue, font très-judicieufes ; mais j'ofe dire que pourvu qu'un Général ne manque pas de vivres, il n'aura guéres plus de peine à diriger cent mille hommes que trente mille. Je fuppofe

(qu'on

(a) Henri Roi de Navarre gagna la Bataille de Coutras contre le Duc de Joyeufe, par le moyen des pelotons d'Infanterie mêlés avec la Cavalerie ; ils firent une décharge fi à propos, que celle de l'Ennemi fut mife en défordre & procura la victoire aux Navarrois.

(b) Dans la Bataille de Pharfale, Céfar foutint fa Cavalerie, fort inférieure à celle de Pompée, par une cohorte de chaque Légion de la troifiéme Ligne, mife en colonne dans les intervalles de fa Cavalerie ; ces cohortes furent la principale caufe du gain de la victoire.

(qu'on me permette de le répéter ici) que ces difpofitions font juftes & bien combinées , qu'il a une
exacte connoiffance du pays ou du terrain qu'il choifit pour fon camp, fa marche, ou fon champ de bataille ; enfin qu'il donne fes ordres avec autant de
netteté que de précifion. Je dis plus : une Armée
nombreufe a dans un jour d'action plus de reffources
qu'une autre fort inférieure ne fçauroit avoir.

Si le malheur veut qu'une partie de la premiere
foit défaite, (car une Armée entiere donne rarement
tout à la fois) les précautions que le Général aura
prifes pour fe ménager une retraite avantageufe, (a)
lui laiffera affez de forces pour faire tête à l'Ennemi,
& affez (b) de tems pour fe rétablir ; bien entendu
que les Troupes feront cette retraite en ordre & fans
confufion. On en a vû de fi belles, qu'elles ont été
plus eftimées & plus glorieufes même qu'une victoire
complette. Telles font, entre autres, les deux dernieres de la derniere Guerre : on peut les oppofer aux
plus célèbres de l'Antiquité. (c)

(a) La retraite de l'Infanterie Efpagnole après la défaite
de Ravene, eft remarquable. Quoiqu'inveftie par l'Armée
Françoife, elle s'ouvrit un paffage, l'épée à la main, &
gagna un Camp prefque inattaquable. Gafton de Foix périt
dans cette action à la tête de l'Armée Françoife.

(b) Antigonius, fecond Roi de Macédoine, difoit en faifant retraite après avoir perdu la Bataille, je ne fuis pas, mais
je cherche mon avantage en diminuant ma perte.

(c) En 1742. l'Armée Françoife, fous les ordres du Maréchal de Belifle, fe trouvant réduite à la feule Ville de Pra-
gue, fans efpoir de fecours par la retraite de l'Armée de M.
de Maillebois, qui étoit allée en Baviere prendre des quartiers d'hiver, & fe trouvant environnée d'ennemis, manquant
d'argent & de vivres, fit le feize de Décembre une retraite des plus mémorables. Elle traverfa les quartiers des
Ennemis, malgré les glaces & les neiges, & fit en huit jours
près de cinquante lieues, pour arriver à Egra. Le falut de

* D

C'eſt ſurtout dans un jour d'affaire que l'on ſent la néceſſité d'avoir un Etat-Major intelligent; le Général ne pouvant pas être par tout, (a) l'inſtruit de ſes deſſeins & le charge de ſes ordres; dont l'exécution ne demande pas moins de capacité (b) que de promptitude. Mais comme il ſe trouve quelquefois des occaſions où les choſes ont changé de face depuis les ordres reçus, c'eſt à l'Etat-Major ou de les ſuivre, s'il juge qu'ils ne cauſent aucun préjudice; ou d'avertir l'Officier général, auquel il eſt adreſſé, des mouvemens imprévus de l'Ennemi.

cette Armée, échappée à un danger qui paroiſſoit certain, eſt l'ouvrage de M. le Maréchal de Beliſle.

La ſeconde retraite eſt celle de Baviere, ſous les ordres de M. le Comte de Segur, Lieutenant Général. Dans le tems que les Troupes Françoiſes ſe joignoient à celles de l'Electeur de Baviere pour s'oppoſer, de concert, aux progrès que l'Ennemi faiſoit dans ſes Etats, cet Electeur fit ſa paix particuliere à l'inſçu du Général François, & l'expoſa par ſa défection à tous les efforts des Ennemis. Les François au nombre de 8000 hommes, furent attaqués à Phaffenhoff le 16 Avril 1745. par toutes les forces Autrichiennes; cette petite Armée fit ferme par tout, traverſa un bois, paſſa le Par, gagna les hauteurs du marais d'Ingolſtad; & ayant fait en vingt-quatre heures ſeize lieues, ſoutenu quatre attaques, elle parvint à Rhein, de-là dans le Virtemberg, quoique ſans ceſſe harcelée & ſe retrancha derriere le Nekre.

(a) Annibal ayant caché pendant la nuit un Corps de Troupes dans des bois & derriere une coline, elles tomberent ſur les Romains pendant la Bataille; le Conſul trop éloigné pour donner ſes ordres, ne put empêcher que cette attaque imprévûe ne cauſât la déroute de ſon Armée.

(b) Céſar s'étudioit à connoître l'ordre de Bataille de ſon Ennemi, & cette connoiſſance contribua le plus à le faire triompher de Vergentorix & des Gaulois, parce qu'il formoit ſes diſpoſitions ſur celles de l'Ennemi; & s'il arrivoit quelque changement, il ſe repoſoit ſur l'habileté de ſes Généraux pour y apporter le remede convenable, ſans qu'il fût beſoin de ſes ordres.

Les Commandans de feconde & de troifiéme Ligne doivent être également inftruits des deffeins du Général, afin qu'ils puiffent y fuppléer, en cas de changement non-prévû; car quoique un Officier fupérieur ne doive prefque jamais rien hazarder de fon chef, cependant quand il eft fûr de fon opération, il peut aller fon chemin fans crainte d'être défavoué, puifqu'il n'agit que conféquemment au bien du Service, fauf à faire fçavoir dans l'inftant même an Général fes raifons par un Aide de Camp. (a) On ne doit charger de cette commiffion que des perfonnes intelligentes, & non pas, comme il n'eft que trop ordinaire, des jeunes gens, qui n'ont la plûpart ni expérience, ni capacité.

Quelqu'avantageux que foit le terrain qu'occupe l'Ennemi, & quelque fupérieur qu'il foit en forces, il y a des occafions où le Général ne peut éviter de le combattre, je veux dire, quand il eft à la veille de recevoir un renfort confidérable, ou de pénétrer dans votre Pays; quand une Armée eft fur le point de manquer de vivres, (b) ou qu'un Allié eft prêt de vous abandonner: (c) il eft alors de la

---

(a) Il feroit néceffaire que tous les Aides de Camp euffent une marque diftinctive de leur Charge. Il arrive fouvent que n'étant pas connus, on eft dans le doute fi l'on doit recevoir les ordres dont ils font porteurs, de crainte de tomber dans quelque furprife. Annibal fit paffer dans l'Armée Romaine un de fes Officiers avec des ordres contrefaits du Général Romain aux Légions; fupercherie qui lui valut une victoire.

(b) Les Romains manquant de vivres, attaquerent les Tofcans dont l'Armée étoit une fois plus nombreufe que la leur; le Conful Servilius ne balança point entre courir le rifque d'uncombat ou de périr par la faim. L'événement juftifia fa conduite.

(c) M. de Briffac voyant que fix mille Suiffes de Troupes

prudence de donner quelque chofe au hazard ; & fi le Général fçait prendre le moment favorable, il fe peut faire qu'il réuffiffe par fa bonne conduite.

Lorfqu'on fe trouve obligé de rechercher ou d'accepter le combat, c'eft alors que le Général doit connoître parfaitement la nature du terrain du Champ de bataille & de fes environs, auffi-bien que les forces & la capacité de fon Ennemi.

Sçavoir s'emparer de bonne heure d'un terrain avantageux en avant de fes aîles, occuper un Village qui fe trouve à portée du Champ de Bataille ; pofter des Troupes dans quelques bois ou ravins, fans qu'elles foient apperçûes, (a) afin de les faire donner dans l'action, font des opérations qu'un Général habile ne doit point négliger. Quelque bon que foit un Ordre de Bataille, il faut le changer auffi-tôt qu'on eft affuré que l'Ennemi en a connoiffance.

Si on eft obligé de faire quelque mouvement en préfence de l'Ennemi, pour renforcer une aîle ou quelque partie foible ; c'eft à la feconde Ligne de le faire, & la troifiéme Ligne la remplace fur le champ. On connoît furtout dans ces occafions l'u-

---

auxiliaires alloient retourner dans leur Pays, parce qu'il manquoit d'argent pour les payer, réfolut d'engager un combat avant leur retraite ; il le donna effectivement, & les Suiffes firent fi bien, qu'ils contribuerent à faire remporter aux François une victoire complette, & les mirent en état de fe paffer de leur fecours.

(a) Germanicus s'étant apperçu que les Allemans cachoient des Troupes derriere un bois pour le furprendre dans l'action, changea fon Ordre de Bataille ; de forte que la rufe des Allemands, loin de leur être profitable, tourna conrre eux-mêmes, & caufa leur perté.

tilité d'un Ordre de Bataille fur beaucoup de profondeur. (a)

Il eſt vrai qu'il faut être ſecondé du terrain , &
qu'il y en a peu qui y ſoient propres ; mais un Chef
expérimenté doit le choiſir, autant qu'il lui eſt poſſible , convenable à ſa manœuvre , vû qu'il eſt toujours maître d'accepter ou de refuſer le combat.

Une réſerve pour renforcer une aîle & les flancs,
pour fournir aux colonnes répandues dans la premiere Ligne , & pour celles qui ſont dans les intervalles de la Cavalerie, me paroîtroit être d'un grand
avantage. Les colonnes qui ſont dans les intervalles
des Brigades d'Infanterie doivent ou commencer
l'attaque ou la ſoutenir en cherchant à ſe faire jour
au travers des Ennemis , pour donner moyen à la
premiere Ligne d'attaquer avec plus de facilité. Les
Pelotons dans les intervalles de la Cavalerie , arrê-
tent l'impétuoſité de l'attaque des Ennemis par leur
feu , qui quelquefois y met le déſordre, & met notre Cavalerie en état d'en profiter.

L'Hiſtoire nous fournit beaucoup d'exemples qui
prouvent que les Romains ont preſque toujours été
victorieux par cette façon de ſe mettre en bataille,
tant pour l'attaque que pour la défenſe. M. Folart,
dans ſon Traité des Colonnes , nous en fait aſſez
ſentir l'utilité dans ces occaſions ; pourquoi donc
ne la pas ſuivre ?

(a) Les Romains étoient toujours en bataille ſur pluſieurs
Lignes, qui dans le combat ſe ſuccédoient les unes aux autres. Polybe met à la premiere Ligne les Velites , ſuivis &
ſoutenus par les Piquiers. Dans la ſeconde , ceux-ci étoient
remplacés par les Princes qui formoient la troiſiéme Ligne :
ſi tous ces Corps ne ſuffiſoient pas, la derniere reſſource étoit
dans les Triares qui étoient un Corps ſéparé des vieilles
Troupes.

Il eſt certain qu'une Ligne rompue dans une de ſes parties eſt à moitié vaincue. De cinq ou ſix colonnes qui attaquent une Ligne de quatre hommes de hauteur, quelques-unes peuvent percer, & dès qu'elles ſont ſoutenues par une premiere Ligne bien ſerrée, & qui marche en bon ordre, la victoire eſt preſque certaine.

On me dira que l'Ennemi ayant connoiſſance de cet Ordre de Bataille, y proportionnera la ſienne; à la bonne heure: mais on peut alors changer les colonnes de place, les multiplier ou les renforcer.

Le Général prend quelques Troupes de ſon corps pour attaquer en flanc; ou la premiere Ligne attaquera quelqu'aîle en pointe faiſant une Ligne oblique; (a) ou bien il portera tous ſes efforts ſur un des côtés du centre pour tâcher de rompre cette premiere Ligne, où il mettra en uſage tout ce que la prudence & la ſcience militaire peuvent ſuggérer.

Si par la ſupériorité de la diſpoſition on eſt parvenu à enfoncer la premiere Ligne de l'Ennemi, il faut en ſçavoir profiter; ſans quoi l'on court riſque de perdre tout ſon avantage & de ſe laiſſer repouſſer par la ſeconde Ligne qui marche au ſecours de la premiere; ſouvent elle rétablit le combat, fait tourner la chance & vous enleve la victoire.

Il faut que les colonnes, qui ont le bonheur de percer, ſe replient par un quart de converſion à droite & à gauche, pour prendre l'Ennemi en flanc, pendant que votre premiere Ligne le ſuit & l'attaque de front. Dans cette manœuvre elle doit avoir at-

(a) Céſar ne gagna la Bataille de Munda contre Pompée, que parce qu'il attaqua une de ſes aîles obliquement avec une partie de ſes forces, dans le tems que Labienus avoit quitté ce poſte pour arrêter un Détachement de l'Armée de Céſar, qui s'avançoit vers le quartier de Pompée.

tention de ne ſe pas rompre, afin de ſe trouver en état de recevoir la ſeconde Ligne de l'Ennemi & d'en ſoutenir l'attaque.

Il eſt néceſſaire que votre ſeconde Ligne s'approche aſſez de la premiere, pour qu'elle puiſſe remplacer ſur le champ les Troupes que vous avez jugé néceſſaire de faire doubler ou mettre en colonnes, & que votre Cavalerie & vos Troupes légeres les plus prochaines, ſoient prêtes à paſſer dans les intervalles pour donner ſur l'Ennemi & le pourſuivre dans ſa retraite ou dans ſa fuite, mais ſans trop s'éloigner de l'Armée, de crainte de quelque ſurpriſe. Il eſt prudent de détacher auſſi quelque Infanterie, afin de ſoutenir cette Cavalerie, ſi l'Ennemi venoit à faire volte-face & à la repouſſer. (a)

Vos Troupes doivent être aſſez bien diſciplinées pour qu'elles ne ſe débordent point quand l'Ennemi eſt en déroute : (b) ſouvent & preſque toujours il ne ſe trouve qu'une partie de l'Armée qui ait donné. Si vos Troupes les pourſuivent avec trop de chaleur, (c) le combat devient égal dans les autres

---

(a) On feint quelquefois une fuite pour attirer l'Ennemi dans une embuſcade ou dans un terrain avantageux; c'eſt ce qui arriva à Regulus contre Hamon, Général Carthaginois, lequel feignant de ſe retirer en déſordre, l'Armée de Regulus le pourſuivit avec chaleur & pénétra dans un terrain où le Carthaginois la ſouhaitoit; faiſant auſſi-tôt volte-face, il tomba à ſon tour ſur les Romains, & par l'avantage du lieu les défit.

(b) Ceſaron, Général Portugais, ayant été défait par Municius, Préteur Romain, obſerva que l'Ennemi en le pourſuivant, troubloit ſes rangs & perdoit l'ordre ; ce qui le fit retourner auſſi-tôt ; & il profita ſi bien de l'occaſion, qu'il tailla en piéces l'Armée de Municius, reprit ſon bagage, & s'empara de celui des Romains.

(c) Dans une Bataille enrre les Romains & les Gaulois unis avec les Samnites, Décius, Général de la Cavalerie Romai-

parties ; au lieu que si après avoir battu devant elles ; ces Troupes venoient à se replier sur les flancs, l'Ennemi seroit obligé de se retirer, pour éviter une défaite totale.

Un Général prudent ne doit jamais hazarder une Bataille, qu'il ne soit bien sûr de sa retraite ; s'il la perd & une partie de son Armée, il doit tâcher au moins de sauver le reste, afin d'être en état de couvrir son Pays ou ses Conquêtes.

Quand on a gagné une Bataille complette, il faut poursuivre l'Ennemi jusqu'à ce qu'il soit hors d'état de se rassembler. Maître de la Campagne, vous vous emparerez facilement des Villes que votre victoire aura consternées, & dont la prise coûtera peu de tems ; vous composerez plusieurs corps de votre Armée afin d'embrasser plus de terrain & prendre plus de places ; vous vous rassemblerez ensuite pour faire la conquête de la Ville principale du Pays. Cette prise entraîne pour l'ordinaire la reddition des autres. (*b*)

---

ne, attaqua avec tant d'impétuosité l'Ennemi, qu'il le mit en fuite ; mais s'étant trop avancé, les Gaulois tournerent face, & Décius périt dans le choc avec presque toutes ses Troupes, pendant que le reste de l'Armée Romaine étoit victorieuse partout.

L'Histoire fourmille d'exemples où l'obstination à poursuivre son Ennemi trop loin, & l'imprudence de s'engager dans des terrains désavantageux, ont fait perdre la victoire que l'on tenoit déja.

(*a*) Aléxandre le Grand, après la défaite d'Aromarez, fit trois corps de son Armée pour poursuivre l'Ennemi & l'empêcher de se rassembler. Ces trois corps, dont un commandé par Aléxandre lui-même, & les deux autres par ses meilleurs Généraux, défirent entièrement l'Ennemi par détail & soumirent tout son Pays.

(*b*) Jeremare, Prince de Rugen, ayant vaincu dans la Bataille de Nestved Eric VII, Roi de Dannemark, marcha

On doit avoir la précaution de ne point laisser derriere soi quelque Ville considérable dans laquelle surtout il y auroit une forte Garnison ; (*a*) elle suffit pour vous obliger de rétrograder en coupant vos Convois.

Comme les armes sont journalieres, il peut arriver que malgré toute la prudence & toute la capacité possible, un grand Général perde la Bataille ; alors son premier soin doit être de choisir un terrain avantageux pour sa retraite & s'y retrancher, & couvrir, s'il est possible, le Pays où sont ses Magasins ; il doit y envoyer d'abord quelques Troupes pour les défendre en cas d'attaque, pour y former quelques Corps de celles qui auront été dispersées.

Quelle gloire pour un Général, qui sçait se maintenir le reste de la Campagne sur la défensive contre un Ennemi victorieux ! Il faut bien qu'il se garde de dégarnir ses places, soit pour se fortifier, soit pour jetter quelques Troupes dans une Ville (*b*) qu'il croit que l'Ennemi veut assiéger ; je suppose qu'elles ont toutes leur Garnison ordinaire : ce qu'il peut faire, c'est d'y envoyer quelques Généraux de réputation pour la défendre.

Si sa position est hors d'insulte, loin de craindre les entreprises de l'Ennemi, il doit le harceler continuellement, le fatiguer même, & attendre qu'il fasse quelque fausse démarche pour en profiter.

---

droit à Copenhague, & la prise de cette Capitale entraîna en quinze jours la reddition du Royaume entier.

(*a*) Gustave-Adolphe ne pouvant se rendre maître d'Ingolstad-en Baviére, & voulant passer outre, laissa un Corps de Troupes suffisant devant cette Place pour empêcher la Garnison d'insulter ses Convois.

(*b*) En 1709. les Alliés ne trouverent tant de facilité à se rendre maîtres des Villes de Flandres, que parce qu'elles étoient dépourvues de leur Garnison ordinaire.

CHAPITRE XV.

Réfléxion sur les Principes précédens.

LEs différentes manieres de ranger une Armée en bataille & de la faire marcher, ont été détaillées par d'autres avec tant de justesse & de précision, que j'ai crû ne devoir donner qu'un seul exemple de chaque manœuvre. Ce seul exemple suffit pour faire connoître que la discipline est la base & la principale cause du succès de toutes celles qui sont praticables. Car on a beau avoir une excellente tactique & de bons Généraux pour la mettre en exécution ; le défaut de discipline empêchera toujours qu'on ne réussisse, à moins qu'un heureux hazard ne s'en mêle, & tout le monde sçait que les effets qu'il produit ne doivent point tirer à conséquence.

Comme cet Ouvrage n'est qu'une instruction très-abregée, je ne parle, pour ainsi dire, qu'en passant, des différens mouvemens que les différens terrains occasionnent. Mais voulant faire connoître aux Militaires ce qu'ils doivent à leur grade & à eux-mêmes, je m'étends davantage sur ce qui les regarde, vû que ceux qui m'ont précédé dans le même travail, ne l'ont touché que fort légerement.

S'il est vrai que chaque état ait une sorte de science qui lui soit propre, on peut dire, & il seroit facile de le démontrer, qu'il n'y en a presque pas un seul, qui par quelqu'endroit ne soit utile au métier de la Guerre ; car de croire que pour l'embrasser il suffise d'en avoir une légere teinture, & de se piquer d'une valeur souvent dénuée de conduite & de prudence, c'est un préjugé très-faux & qui n'a eu malheureusement que trop de crédit parmi nous.

Quel usage la plûpart des Officiers font-ils de leur tems pendant la paix ? S'appliquent-ils à l'étude de l'Histoire, (*a*) des Mathématiques & de la Géographie ? cherchent-ils à s'instruire & à faire l'application des différens terrains propres aux mouvemens des Troupes ? Cherchent-ils à se connoître eux-mêmes & à se faire un plan de vie conforme au caractere dont ils sont revêtus ? Ils le doivent sans doute : mais le jeu, (*b*) les Spectacles & autres amusemens frivoles font leurs plus sérieuses occupations. (*c*) Telle est la conduite d'une grande partie de la Jeunesse qui entre au Service. Vient-elle à un certain âge ? elle se trouve par l'habitude d'une vie distraite & inappliquée, hors d'état de servir utilement son Prince & sa Patrie. La France, déja si puissante & si redoutable par elle-même, le seroit bien davantage, si la Noblesse joignoit à l'amour qu'elle a pour son Prince, & à l'ambition qui lui est si naturelle, le désir généreux de signaler l'un & l'autre par de solides effets.

(*a*) L'étude est l'ornement d'un Particulier, le lustre d'un homme de condition ; elle donne un éclat merveilleux aux qualités des gens en place.

(*b*) Le jeu, la débauche, la bonne chere introduisent la pauvreté dans les maisons ; l'oisiveté, le luxe & la vanité menent à la misere. Cette peinture que fait le Sage du principe de la ruine des familles, peut bien s'appliquer aux Militaires en général.

(*c*) La perte du tems est ce que l'on doit le plus se reprocher, & cependant c'est ce dont on s'inquiéte le moins.

CHAPITRE XVI.

Des Convois.

IL arrive rarement que l'on foit d'accord fur la façon de ranger les Troupes deftinées à efcorter un Convoi. On a vû prefque autant de difpofitions différentes, qu'il y a eu d'Officiers Généraux employés à cet égard. Il ne peut cependant y en avoir de bonnes que celles où par une jufte combinaifon on eft à portée de rapprocher dans un inftant les différens Corps, pour empêcher que les Convois ne foient infultés ou endommagés. (*a*)

Ils méritent d'autant plus d'attention, qu'ils fourniffent l'argent, les vivres & toutes les munitions de Guerre dont une Armée peut avoir befoin. Il ne faut donc pas que les efcortes foient en trop petit nombre, de crainte que venant à être attaquéeà, elles ne fuccombent trop aifément. C'eft à la prudence du Général d'en régler le nombre, felon que l'Ennemi ou les Villes qui lui appartiennent font plus ou moins éloignées ; faute de quoi les Garnifons voifines pourroient fe réunir & former le deffein d'enlever le Convoi.

(*a*) Henri IV. Roi de France, faifant le fiége de Laon, força l'Armée de la Ligue à fe retirer, en lui coupant tous fes Convois par les Détachemens qu'il avoit en campagne, & furtout par celui qui étoit fous les ordres du Maréchal de Biron.

M. de Turenne fut obligé d'abandonner la Franconie & fes Conquêtes en 1673. & de fe retirer fur le Rhin à caufe de la perte d'un Convoi confidérable qui lui venoit du Virtemberg, & qui lui fut enlevé par le Général Montecuculi.

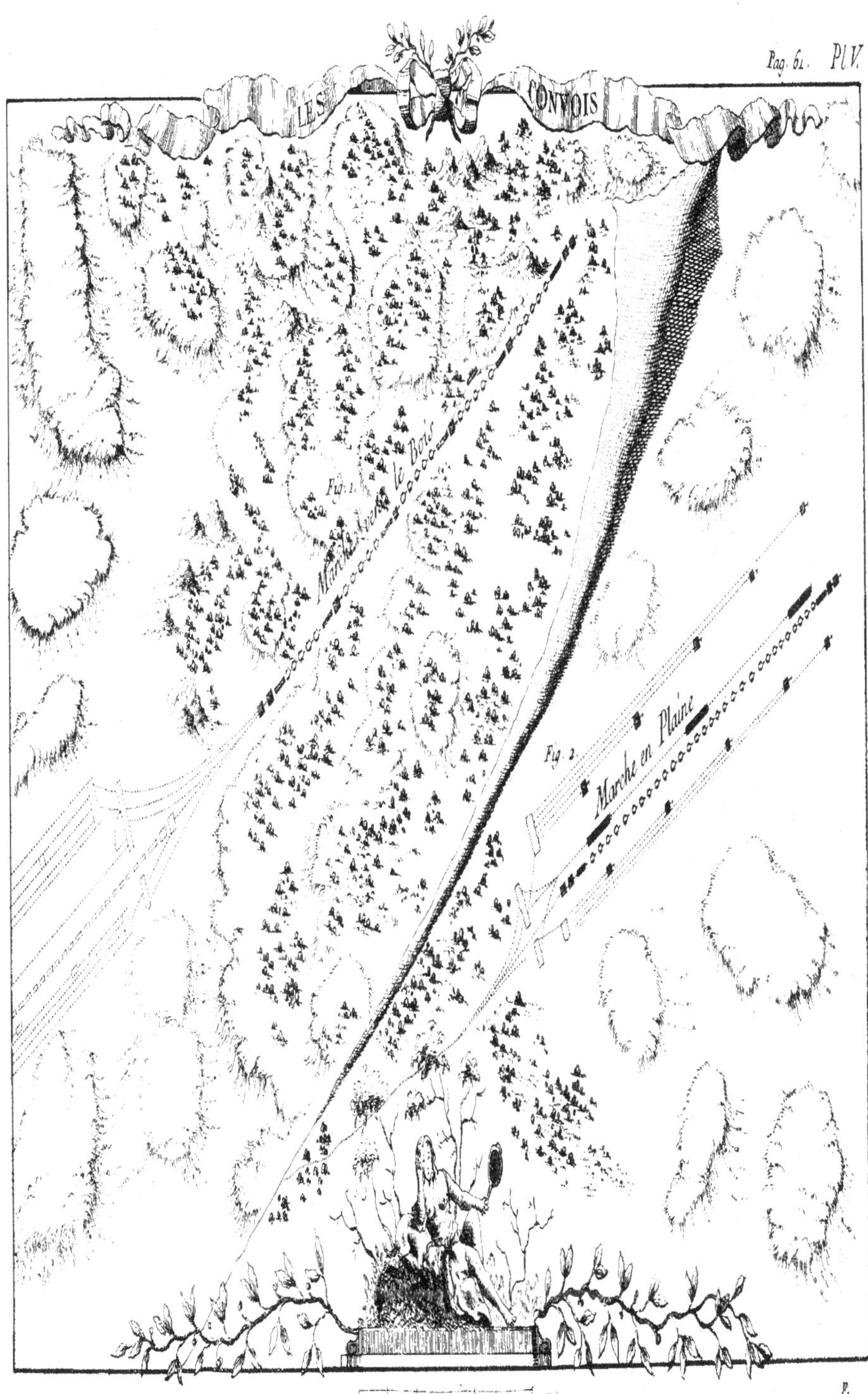
LES CONVOIS
Fig. 1.
Marche dans le Bois
Fig. 2.
Marche en Plaine
50   100   200   300 Toises

L'Officier Général, qui commande l'escorte, doit la partager de façon, qu'elle puisse se joindre sans peine pour se defendre mutuellement, & changer l'ordre de sa disposition selon les différens terrains qu'il doit parcourir.

Si l'Ennemi se trouve dans une position propre à insulter un Convoi, il faut être en état de juger s'il a beaucoup de chemin (*a*) à faire, qu'elle est la nature du Pays par où il doit passer ; quelle sera sa retraite ; s'il ne peut être coupé dans son retour, s'il n'y a pas moyen de lui dresser des embuscades (*b*) qu'il ne puisse éviter ; enfin si l'on ne trouveroit point sur sa route un terrain propre à l'attaquer avec avantage. Pour cela il seroit à propos que le Général envoyât un Détachement sur la voye qu'il juge que l'Ennemi pourroit tenir, afin de le distraire, & de lui donner le change sur sa destination.

Si un Convoi a des défilés ou des montagnes à passer, l'Infanterie doit se porter de distance en distance, & se relever successivement jusqu'à ce que le Convoi soit arrivé au débouché. Il faut observer Pl. VI les mêmes précautions (*c*) en traversant un bois, (Figure 1.) au débouché duquel l'Infanterie doit se

(*a*) Un habile Général doit voir tout par lui-même & juger en conséquence ; mais il doit aussi entendre & suivre les avis des Gens expérimentés.

(*b*) Un Chef rusé s'exerce souvent à tentre de petites embuscades pour tenter son Ennemi. Celui-ci quelquefois s'y accoutume, les méprise, & il arrive enfin qu'il donne dans une plus considérable par trop de sécurité ; quelquefois aussi il se tient couvert ; n'ose mettre aucun Détachement en campagne, par trop de défiance. Enfin quelqu'en soit l'effet, ces rufes de guerre ont toujours servi les Généraux qui ont sçu les mettre en pratique.

(*c*) Il vaut mieux prendre un nombre de précautions inutiles, que d'en omettre une seule essentielle.

* D iv

former (Figure 2.) de même que la Cavalerie dans la plaine, jufqu'à ce que tout le Convoi ait traverfé le défilé.

La meilleure façon de diftribuer les Troupes, feroit d'avoir une avant-garde & une arriere-garde ; & le refte de l'efcorte formeroit trois Corps également diftans l'un de l'autre avec des petits Pelotons de Cavalerie dans les intervalles. Par cette pofition trois Corps peuvent fe réunir dans un inftant à la moindre attaque & donner aux autres le tems de fe joindre. On ne doit pas ignorer qu'en plaine la Cavalerie couvre les flancs par échelons, à une certaine diftance de l'Infanterie, qui marche à côté du Convoi.

Il convient qu'au débouché d'un bois ou d'un défilé en entrant dans la plaine, on faffe parquer les Chariots jufqu'à l'arrivée de l'arriere-garde, afin d'embraffer moins de terrain & de pouvoir être tous réunis. On doit faire la même chofe, fi le terrain le permet, quand un Chariot vient à fe rompre.

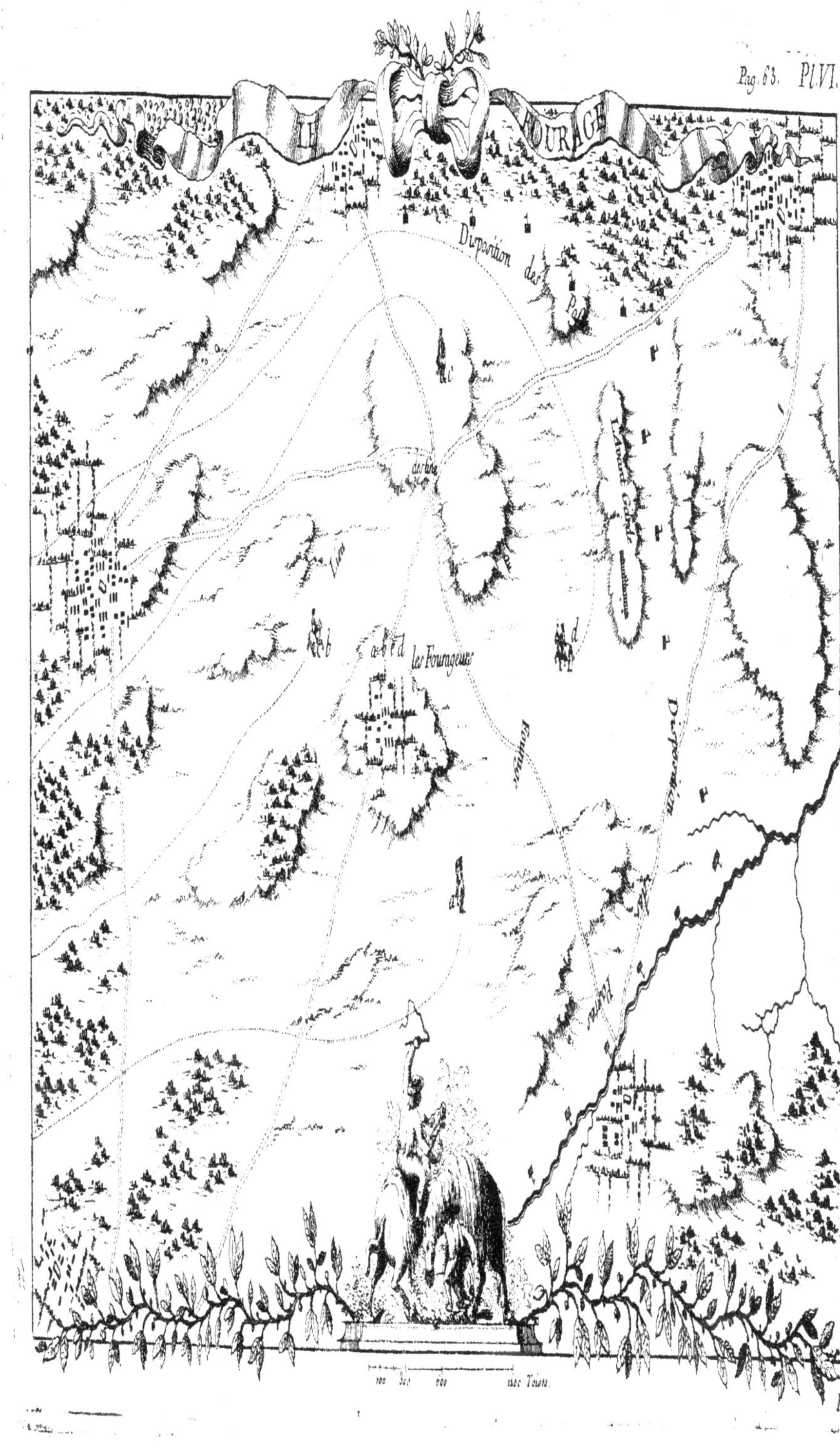

LE FOURAGE
Disposition des Pos.
L'Avant Garde
les Fourageurs
Disposition Retraite
100   300   600   1200 Toises.

CHAPITRE XVII.

Des Fourages.

UNE des choses les plus nécessaires à une Armée est le Fourage. Pour peu qu'elle en manque, il est impossible qu'elle fasse la plus légere entreprise. On en manque ordinairement quand le Pays où elle se trouve n'en fournit pas la quantité requise, ou lorsqu'on ne prévoit les marches que l'on est obligé de faire, & que l'on donne le tems à l'Ennemi de s'en emparer ou de le détruire ; ou faute de l'avoir assez menagé, pour en avoir même de reste. Nous en avons fait plus d'une fois la triste expérience.

Le Général ne doit pas ignorer, avant que d'entrer dans un Pays, la quantité de Fourages qu'il peut fournir & pour combien de tems. Le peu de régle & de discipline qui regne ordinairement dans nos Armées, est cause qu'il s'y consomme plus de Fourages en un jour qu'il n'en faudroit naturellement en trois. Quel préjudice n'en doit pas recevoir une Armée, qui pouvant rester un mois dans un Camp avantageux, se voit par cette dissipation réduite à n'y demeurer au plus que quinze jours !

Il seroit facile de remédier à cet abus, du moins en partie, pour peu qu'on voulût y tenir la main ; dût-on n'y gagner que le quart ou moins sur la totalité, ce seroit toujours beaucoup. Il faudroit pour cela, après avoir désigné le lieu du Fourage, faire défense aux Fourageurs d'entrer dans les bleds. La tête de chaque colonne fourageroit dans les quatre par-

ties oppofées, en formant des chemins qui communi-
queroient au centre ; & à mefure que les Fourageurs
avanceroient, on leur permettroit de camper fur les
bords des routes qu'on y auroit pratiquées.

On pourra me dire que de cette façon-là un Fourage fera beaucoup plus de tems à faire ; j'en con-
viens : mais s'il n'eft pas trop éloigné du Camp, on
a du tems de refte pour cette opération. Le tout dépend de l'exactitude & de l'intelligence des Officiers
& des Maréchaux des Logis, qui font à la tête de
chaque colonne, & qui n'employant d'abord qu'un
certain nombre de Fourageurs, contiennent les autres, jufqu'à ce qu'ils puiffent les employer.

Un autre moyen de ménager le Fourage eft de n'y
envoyer les Vivandiers qu'après les Troupes, parce
qu'il en refte toujours affez fur pied pour eux. Mais
en fuppofant qu'il ne s'en trouvât point, on pourroit
y fuppléer en leur abandonnant une partie de la ré-
ferve.

Comme il eft vrai-femblable que le Général fçait
à peu-près le tems qu'il peut occuper un Camp, il
doit avoir l'attention de réferver les Fourages qui
font plus à fa portée, & principalement fes derrieres, en commençant par ceux qui font du côté de
l'Ennemi.

Un Officier général fe diftingue par le talent qu'il
a pour chaque partie de la Guerre ; & l'on peut dire
que celui de fçavoir former une Chaîne qui couvre
les Fourageurs, en eft un des principaux. On a vû
quelquefois une partie de la Cavalerie démontée,
& nombre de chevaux d'équipages pris, uniquement
par la faute & le peu d'intelligence de l'Officier qui
les commandoit.

La façon de former une Chaîne dépend de la nature du terrain où fe fait le Fourage. Si c'eft en
plaine ,

plaine, il eſt néceſſaire d'avoir toutes les Troupes aſſemblées & en bataille du côté que l'Ennemi peut venir, une partie de la Cavalerie en avant & ſur les côtés, & ſurtout beaucoup de Patrouilles en petites Troupes. S'il ſe trouve des bois, ravins, foſſés ou montagnes, il faut s'emparer des lieux les plus avantageux & les plus propres à chaque Corps; & ſi l'Ennemi venoit pour nous attaquer, il faudroit marcher à lui, & par la réſiſtance qu'on feroit en état de faire, on donneroit le tems aux Fourageurs de ſe retirer ſans confuſion.

Pour les empêcher de percer la Chaîne, des Vedettes ou Sentinelles doivent ſuffire pour des Troupes bien diſciplinées. Comme il faut que le jour du Fourage toute l'Armée ſoit ſous les Armes, il eſt à propos d'y envoyer quelques Détachemens par échelons, tant pour être averti de ce qui s'y paſſeroit, que pour couvrir le retour des Fourageurs.

Si le Fourage étoit menacé de quelque attaque, l'Officier général ſe choiſiroit un terrain ſur le paſſage de l'Ennemi qui pût ou retarder ſa marche, ou l'empêcher de percer pour arriver juſqu'au Fourage. Si l'Ennemi ſe trouve ſupérieur, il faut que la ſituation du terrain ſoit aſſez avantageuſe pour ménager la retraite des Fourageurs, & que les ſecours du Camp arrivent aſſez à propos pour faciliter leur retour.

Le Maréchal-des-Logis, qui va reconnoître un terrain, ne doit pas ſeulement avoir attention à la quantité & à la qualité du Fourage; mais il doit encore examiner ſi la ſituation eſt plus ou moins propre à poſter la Chaîne, & choiſir par préférence celui qui eſt à portée des rivieres, ruiſſeaux, ravins & autres, qui peuvent lui ſervir de limites.

CHAPITRE XVIII.

Des Détachemens.

IL eſt des Détachemens, ainſi que de la plupart des mouvemens militaires ; chacun veut les conduire ſelon ſes idées, d'où il arrive que le défaut de diſpoſition ou le trop de ſécurité les expoſe ſouvent à recevoir des échecs.

Il ſeroit facile de les éviter, en s'aſſujetiſſant à connoître à fond & par principe la façon de conduire un Détachement. Elle doit être à peu près la même que celle qu'on obſerve pour tous les autres mouvemens militaires, à cauſe des différens terrains qui s'y rencontrent.

Il ſeroit à ſouhaiter que tout Détachement fût aſſez fort (a) pour ne pas courir les riſques d'être défait. De fréquens échecs, (b) quelque légers qu'ils puiſſent être, affoibliſſent inſenſiblement le Corps d'une Armée, qui les regarde comme un préſage des ſuites malheureuſes de la Campagne. Son découragement eſt une eſpece de victoire multipliée

---

(a) Deux raiſons obligent de ne faire que de gros Détachemens : ſi votre Armée eſt ſupérieure à celle de l'Ennemi, vos Détachemens ne vous affoibliſſent pas ; ſi elle eſt inférieure, vous évitez le danger d'être défait en détail. La réputation d'une Armée dépend ſouvent d'un Détachement batu.

(b) Aléxandre & Porus, diſent les Hiſtoriens, donnoient toute leur attention aux événemens qui ſuivoient leurs Détachemens, ſurtout à ceux qui précédoient une action générale, comme étant la ſource d'où leurs Soldats tiroient des augures funeſtes ou favorables du ſort de la Bataille.

pour l'Ennemi , comme nous l'avons déja remarqué.

L'Officier général à qui l'on a confié la conduite d'un Détachement , doit faire si bien ses dispositions, qu'il n'ait aucune surprise (*a*) à craindre de l'Ennemi , & qu'il soit toujours en état de le recevoir , s'il est forcé de combattre ; il faut qu'il sçache choisir un terrain propre à se défendre avantageusement, & surtout se ménager , en cas de besoin , une retraite assurée. (*b*)

Lorsqu'un Détachement est obligé de traverser une plaine , il ne doit s'y engager qu'après l'avoir fait reconnoître. Il faut que son ordre de marche soit composé d'une avant garde de Cavalerie avec quelques Compagnies de Grenadiers, d'un Corps d'Infanterie en colonne par division , & de la Cavalerie

(*a*) En 1581. Montigny, Général Espagnol , surprit un Corps de Troupes des Provinces-Unies lorsqu'elles sortoient de leurs quartiers. Il fit semblant de prendre une marche opposée à la leur , & lorsqu'il eut assez marché pour donner à l'Ennemi une fausse persuasion de son dessein , & lui faire négliger les précautions qu'on cesse de prendre lorsqu'on croit l'Ennemi éloigné ; il fit une contre-marche avec tant de promptitude , qu'il surprit le Détachement & le dissipa avec une perte considérable.

(*b*) L'exemple d'Agatocle & d'Herman Cortez ne fut jamais une leçon pour moi, lorsque l'un & l'autre après avoir débarqué leurs Troupes, brûlerent leurs Vaisseaux, pour ne laisser à leurs Soldats, en leur ôtant tout espoir de retraite, que le choix de vaincre ou de mourir. Dans le grand dessein qui les animoit, le premier pour la ruine de Carthage, l'autre pour la conquête du Mexique, la prudence & leur habileté ne leur offroient-elles aucun milieu dans cette alternative ? Si Cortez réussit, ce n'est pas qu'il fût plus habile que le premier ; mais la Fortune se déclara en sa faveur , en lui attachant la petite République de Tlascala qui lui servit de retraite , & le sauva sans doute de sa perte où ses victoires même sur les Indiens l'auroient entraîné.

E ij

fur les flancs par échelons en échiquier ; l'arriere-garde doit avoir à peu-près la même difpofition que l'avant-garde. On peut juger par la Planche ci-jointe, combien il eft facile de fe mettre en bataille dans le moment même & fans confufion.

Mais fi le Détachement a quelque bois ou pays couvert à traverfer, alors la Cavalerie en colonne doit occuper le centre, & l'Infanterie côtoyer les flancs, avec de petites Troupes fur les aîles pour fouiller le Pays. La Cavalerie au débouché doit fe porter en avant pour fe former en bataille, de même que l'Infanterie au bord du bois. Quoique cette façon de marcher puiffe caufer quelque retardement, il vaut mieux en courir les rifques, que de négliger des précautions néceffaires pour fe mettre à l'abri de tout fâcheux événement. Faute de les avoir prifes, on a vû des Détachemens entiers donner dans des embufcades.

Si le Détachement n'eft éloigné du Camp que d'une journée, il faut laiffer quelques Troupes fur les derrieres pour entretenir la communication avec l'Armée. Ses poftes doivent tenir les uns aux autres par des Patrouilles. Deux raifons exigent cette précaution : La premiere eft la communication du Détachement avec l'Armée, afin de pouvoir inftruire fûrement le Général de ce qui fe paffe ; la feconde eft que fi l'Ennemi fe trouvoit fupérieur en forces, & vouloit couper fa retraite en fe mettant entre deux, le Commandant pût en être affez tôt averti, ou pour regagner le Camp par des (a) chemins fûrs, ou

(a) Lorfque dans une retraite on craint d'être coupé, le parti le meilleur à prendre dans une telle circonftance, eft de fuivre le même chemin qu'on a tenu pendant un certain tems, & puis s'en détourner tout-à-coup par une contre-marche ; cette manœuvre trompe toujours l'Ennemi & rompt

MARCHE EN PLAINE
Avant-garde
Corps d'armée
Arrière-garde
25 50 100 200 300 Toises

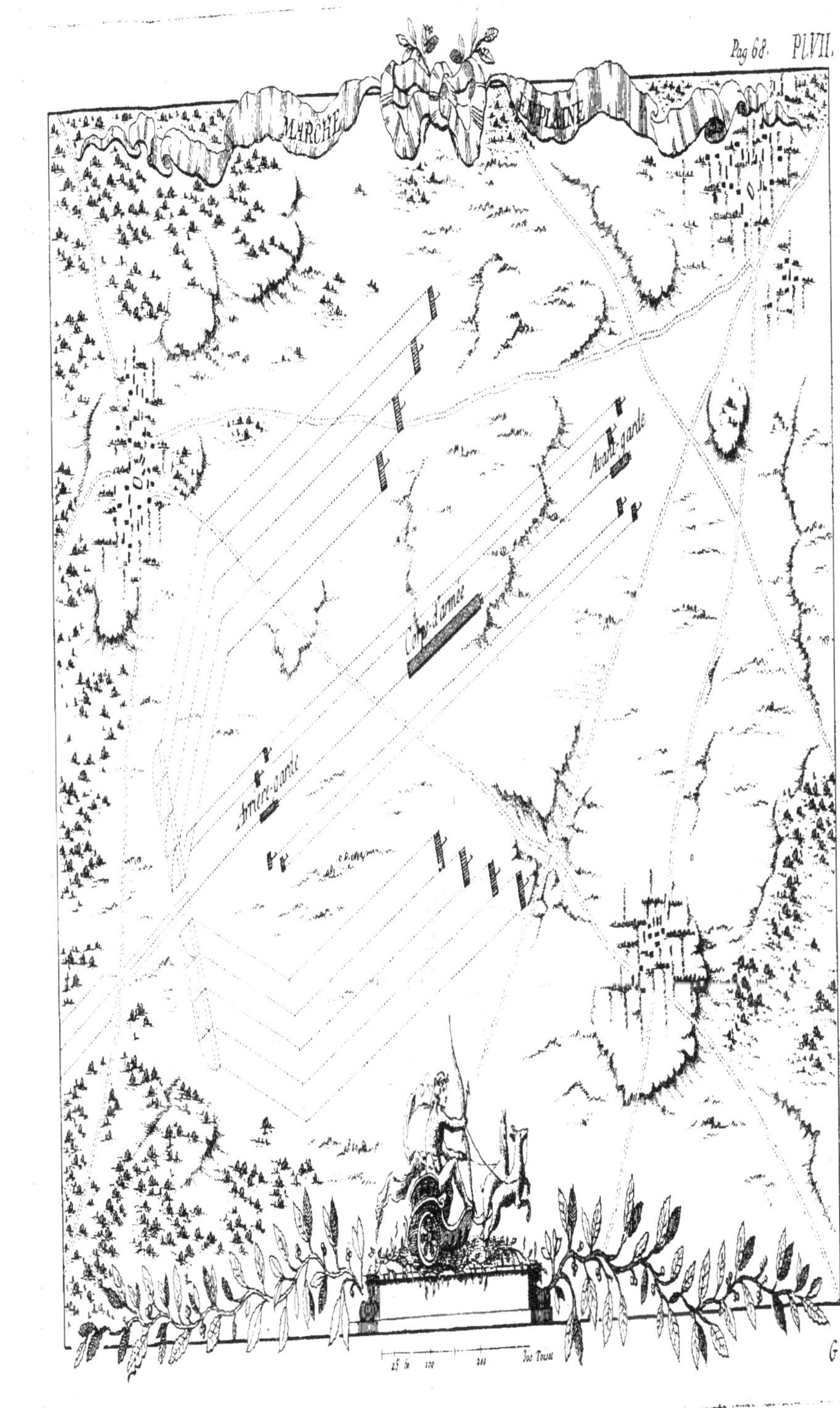

G

Pag. 62. Pl. VIII.
MARCHE VERS LE BOIS
Corps d'Armée
Arriere Garde
Avant Garde
25 50 100 200 300 Toises
H

aller à l'Ennemi pour le combattre felon l'avantage qu'il trouveroit à prendre l'un & l'autre parti.

Il ne feroit pas mal que le Général envoyât de petites Troupes tant du côté de l'Ennemi, que de celui du Détachement, afin de pouvoir communiquer par plufieurs endroits à la fois.

En traitant des difpofitions qu'il faut obferver dans la conduite d'un Fourage, ou d'un Détachement, ou d'un Convoi, nous n'avons point parlé du Général en chef, parce qu'il n'y paroît pas en perfonne. Il choifit feulement le tems où ces opérations doivent fe faire & les Chefs qui doivent les conduire.

Leur intelligence ou leur peu de capacité décide ordinairement du bon ou du mauvais fuccès qu'elles peuvent avoir. Un Général ne fçauroit donc être trop attentif à ne donner ces fortes de commiffions qu'à des Officiers dont les talens lui foient bien connus. (*a*)

La perte de quelques Corps particuliers femble, au premier coup d'œil, n'être d'aucune importance pour la grande affaire ; mais l'enlevement d'un Convoi, la défaite d'un Détachement, & autres accidens femblables (*b*) découragent les Troupes, dé-

---

toutes fes mefures : c'eft auffi celle que pratiqua à Donnavert en 1745. le Maréchal de Ségur, lorfqu'après l'affaire de Phaffenhoffen, il fe voyoit pourfuivi des Ennemis avec trop d'opiniâtreté.

(*a*) Il y a plufieurs moyens de connoître la capacité des hommes ; mais ce n'eft que par l'examen de leurs actions qu'on y parvient le plus fûrement. Les habiles gens qui fçavent diftinguer la conduite d'avec le fuccès, eftiment fouvent la conquête, mais n'en eftiment pas davantage le Capitaine.

(*b*) Il n'eft point d'accident fi malheureux dont les habiles gens ne puiffent tirer quelqu'avantage ; ni de fi heureux, que les imprudens ne puiffent tourner à leur préjudice.

créditent le Général, (*a*) & mettent l'Ennemi en état de former des desseins, auxquels il n'auroit peut-être jamais pensé.

J'avoue qu'il est presque impossible qu'un Commandant en chef connoisse assez à fond tous les Officiers généraux de son Armée, pour juger sainement de la portée des uns & des autres. Mais je sçais qu'il y a des moyens bien sûrs & bien simples pour y parvenir. Les voici tels que l'amour & l'intérêt du service me les suggerent. Avant que de nommer un Officier pour quelque expédition, il est à propos que le Général s'informe de la réputation qu'il s'est acquise dans les différens grades par lesquels il a passé ; qu'il examine la maniere dont il fait ses dispositions, & les précautions qu'il faut prendre dans la conduite d'un Détachement ; après quoi il pourra apprécier au juste (*b*) sa capacité. Je ne parle point de sa valeur ; s'il est François, il est naturellement brave.

Les Détachemens sont destinés pour l'ordinaire à connoître la position de l'Ennemi, à le chasser d'un

---

(*a*) Un Général prudent ne s'expose jamais à combattre, malgré lui, de crainte qu'un échec ne releve le courage de son Ennemi.

César & Pompée connurent & pratiquerent parfaitement cette maxime. Le premier campé avantageusement, ne voulut jamais exposer ses Troupes à un combat, quoique Pompée le lui offrît & le raillât de son refus. Peu après, César sortit de son Camp & offrit la bataille à Pompée ; celui-ci à son tour la refusa par la même raison que son ennemi l'avoit refusée. Ces deux grands Hommes sçavoient de quelle importance il est de conserver la réputation d'une Armée, qu'elle peut perdre souvent par le plus petit échec.

(*b*) Un Général sans cette précaution, se trouveroit souvent dans le cas de dire ces paroles si remarquables d'Auguste : *Varus, rend-moi mes Legions.*

poſte avantageux à mettre un Pays à contribution, à ſe ſaiſir d'un Convoi (*a*) ou à ſuivre un Fourage. Le ſecret & l'activité ſont l'ame du ſuccè s : autant que le premier eſt néceſſaire pour l'entrepriſe, autant l'autre l'eſt-elle pour l'exécution.

(*a*) Céſar avoit coutume de dire qu'il agiſſoit à l'égard de ſon Ennemi, comme les Médecins en uſent envers les malades ; qu'il aimoit mieux les vaincre par la faim que par le fer, en leur enlevant leurs Convois ou en leur coupant les vivres.

CHAPITRE XIX.

De la défenſe d'une Riviere.

QUoiqu'il ſoit impoſſible à un Général d'être préſent à toutes les opérations ; il eſt cependant telle affaire déciſive où il ne ſçauroit ſe diſpenſer de ſe trouver en perſonne ; je veux dire lorſqu'il s'agit de faire une marche & de livrer une Bataille ; de forcer les lignes des Ennemis ou de ſe maintenir dans les ſiennes ; de conduire un Siége, ou de le faire lever ; de paſſer une Riviere ou de la défendre.

Cette derniere manœuvre eſt peut-être, de toutes les parties de la Guerre, celle où le manque de combinaiſons a occaſionné les plus grandes fautes. (*a*) On a vû des Généraux échouer plus d'une

(*a*) M. de Feuquiere démontre ce ſyſtême avec toute l'intelligence poſſible, & les exemples qu'il cite, ſont autant de preuves. Le paſſage de l'Eſcaut à Oudenarde, celui qu'on auroit pû empêcher pendant le ſiége de Lille, & pluſieurs autres plus récens, prouvent le défaut de combinaiſon.

fois dans la défenfe d'une Riviere , parce qu'ils éten-
doient leur Armée à mefure que l'Ennemi , qui vouloit leur donner le change , faifoit mine d'étendre la
fienne. Plus ils divifoient leurs forces , plus ils fe
mettoient dans l'impoffibilité de les réunir (a) pour
s'oppofer à fon paffage.

Le vrai moyen de fe précautionner contre les fauffes marches & autres rufes qui fe pratiquent dans ces
occafions , c'eft d'examiner , avant toutes chofes ,
l'étendue que l'Ennemi peut donner à fes Troupes
fur le bord oppofé.

Si la difpofition du terrain eft telle qu'il ne puiffe
s'étendre au plus que fept ou huit lieues , il faut que
le Général qui défend le paffage , tienne fes Troupes unies enfemble à une portée raifonnable de la
Riviere , & qu'il y ait le long des bords , des petits
poftes afin d'être averti à chaque inftant de tous les
mouvemens de l'Ennemi ; feints (b) ou véritables.

S'il a la liberté de s'étendre autant qu'il lui plaît ,
& s'il occupe quinze ou feize lieues de Pays & mê-

Pl. IX.

Pl. X.

______

(a) En 1672. Le Maréchal de Turenne fit faire un Pont
fur le Rhin à Wefel , fans que l'Electeur de Brandebourg eût
affez de tems pour raffembler fes Troupes & s'y oppofer , parce qu'elles embraffoient trop de pays. La faute que ce Prince
fit en cette occafion , valut à M. de Turenne toute la Weft-
phalie où il prit fes quartiers d'hiver , & força l'Ennemi à re-
paffer le Wefer.

(b) Du tems de Céfar les Ufipetes & quelques autres Peuples de Germanie voulant faire une incurfion dans la Gueldre,
fe trouverent arrêtés par le Rhin , dont le paffage étoit dé-
fendu par les Gueldres affemblés fur le bord oppofé : défefpérant de le forcer , ils feignirent de fe retirer pour engager les
Gueldres à le paffer eux-mêmes & les pourfuivre ; ce qui arriva effectivement. Alors les Ufipetes retournerent fur leurs
pas , furprirent leurs Ennemis , les défirent & fe rendirent
maîtres du paffage du Rhin.

DEFENCE D'UNE RIVIERE PAR DIFFERENS CORPS
Les Corps d'Armée
Les Corps d'Armée
Lieues

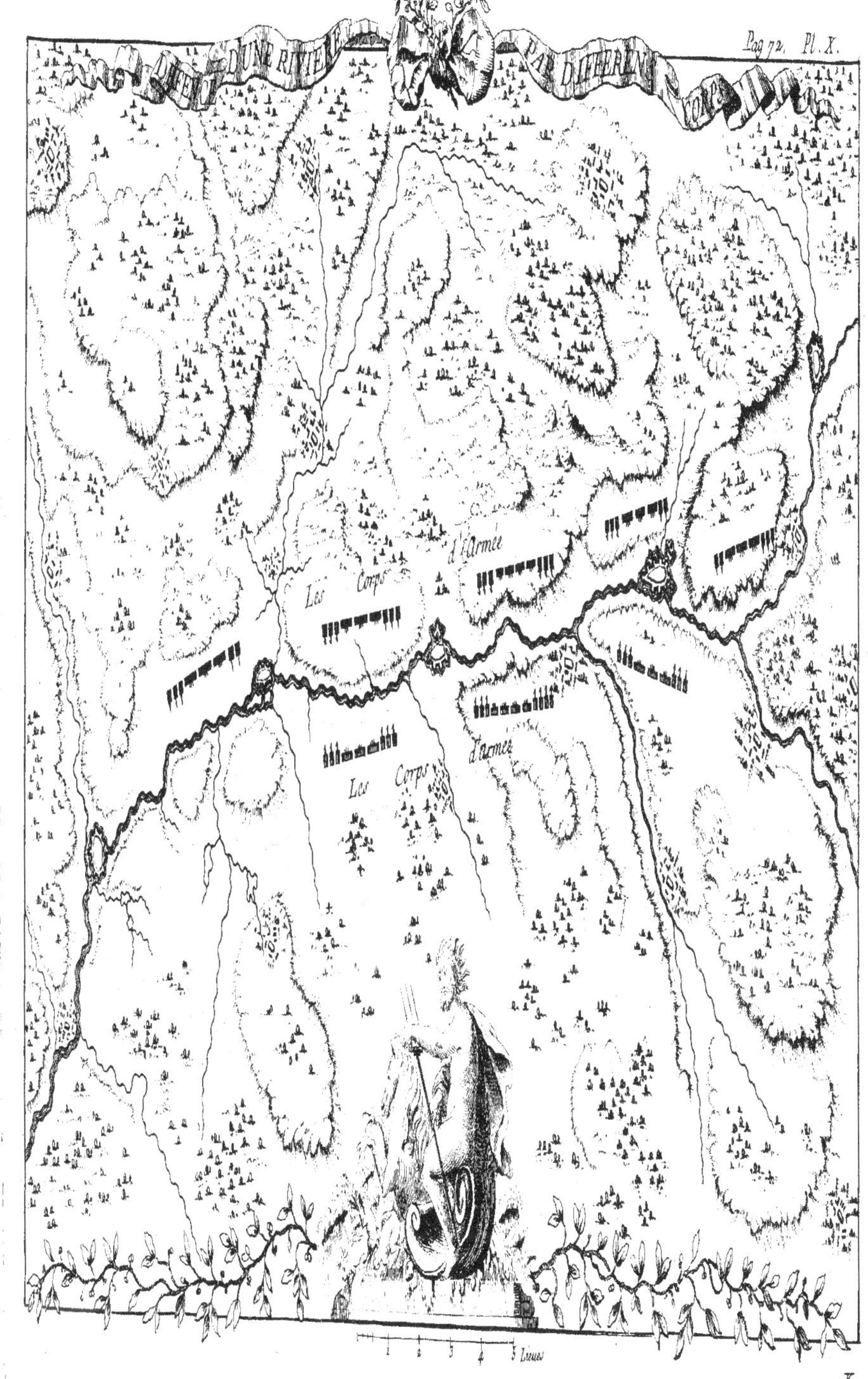

X

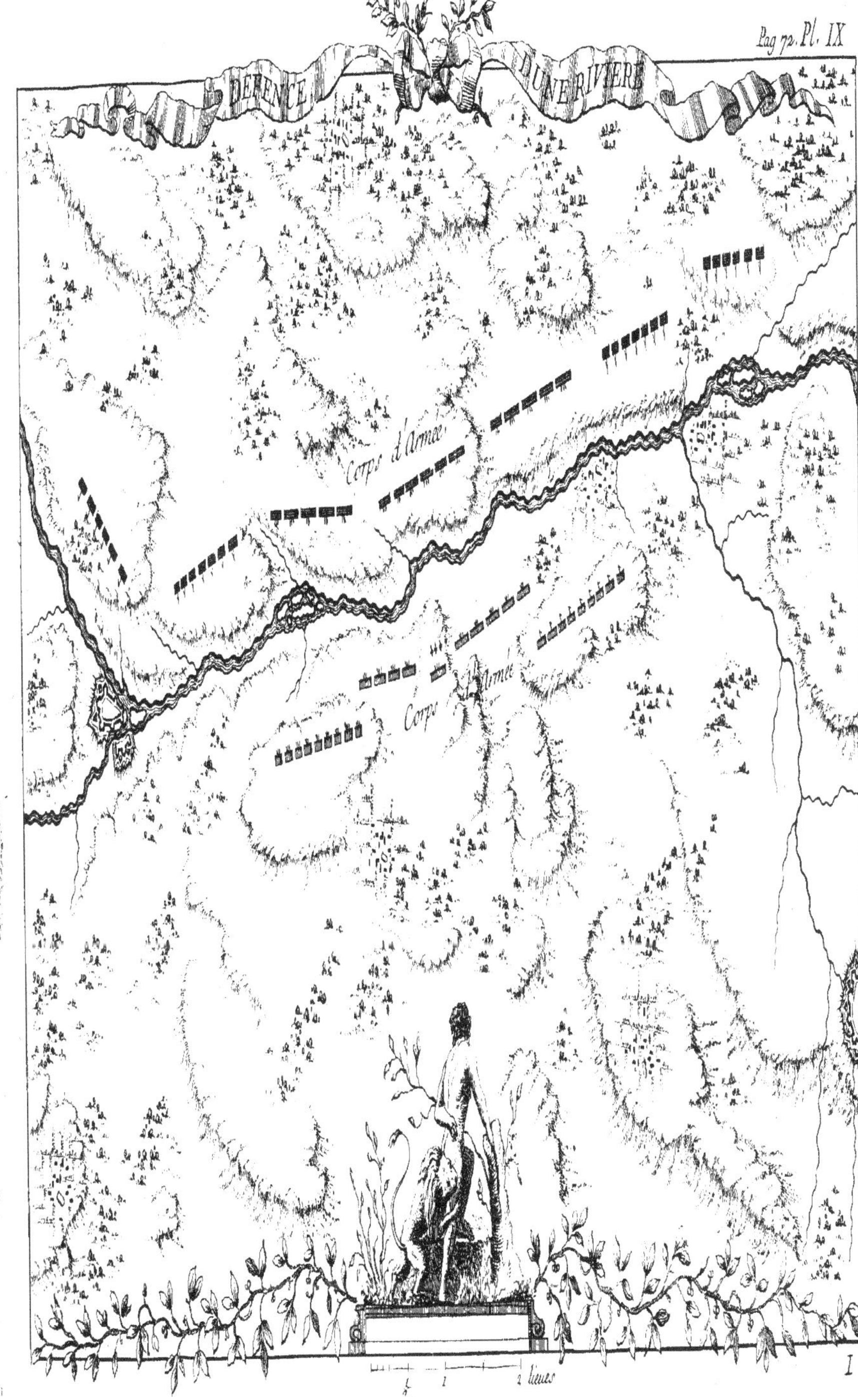

I

me au-delà, le Général divise son Armée en trois Corps & les campe à deux lieues de distance l'un de l'autre, afin qu'ils puissent, en cas de besoin, se procurer mutuellement un prompt secours.

Si l'Ennemi veut dérober quelques marches pour jetter un Pont, il est facile de supputer le tems qu'il doit mettre à le former & la quantité d'hommes qui peuvent y passer en une heure. Le Général, averti à propos & sûr de l'endroit où le Pont est jetté, y marche avec l'un des Corps, & laissant passer un certain nombre de Troupes, il profite tout-à-coup de la confusion où elles se trouvent pour les combattre sans leur donner le tems de se fortifier.

Nous lisons dans l'Histoire plusieurs traits de cette nature, & nous avons vû de nos jours l'Armée ennemie infiniment supérieure à la nôtre, être obligée de rester trois mois dans l'inaction, (a) par les bonnes dispositions de nos Généraux ; & quand elle a voulu hasarder le passage, elle a été repoussée honteusement & avec perte.

Si l'Ennemi fait mine de tenter plusieurs passages à la fois, pour faire diversion, on pourra aisément, en ne précipitant rien, distinguer ses vûes simulées d'avec les véritables. S'il fait passer dans des Barques un Corps de Troupes pour se fortifier à la tête du Pont, au premier avis que l'on en reçoit, on l'attaque avec tant d'ardeur & de promptitude, qu'il n'a pas le tems de se couvrir.

(a) En 1742. le Général Kenwennuller, campé dans l'Angle que forme le Liser & le Danube, empêcha par ses bonnes dispositions l'Armée Françoise de passer ni l'une ni l'autre de ces deux Rivieres, & la tint dans l'inaction près de quatre mois, quoiqu'elle fût supérieure à celle qu'il commandoit.

Mais si malgré les mesures les plus sages & les mieux combinées, il vient à bout de jetter son Pont & d'assurer par-là son entreprise, le seul parti qui reste à prendre, c'est de combattre. Le courage doit suppléer alors aux moyens que la prudence & la sagacité du Général n'ont pû faire réussir.

Cette méthode, que je propose ici pour défendre une Riviere, paroîtra sans doute aux personnes versées dans l'Art de la Guerre, préférable à celle de faire occuper vingt-cinq ou trente lieues de Pays à une Armée, ou de la partager de façon, que la difficulté de se joindre la met presque hors d'état de faire tête à l'Ennemi.

Ce que nous avons dit jusqu'à présent, ne regarde que les Rivieres d'une grande étendue. Ou les autres sont guéables en plusieurs endroits, ou elles ont peu de largeur, ou les bords en facilitent la descente, ou les environs sont plus ou moins à découvert. Ces positions différentes n'empêchent pas que la façon de défendre une Riviere ne soit à peu près la même, quoique le passage en soit plus aisé, sur-tout si les deux Armées sont égales en forces. Il faut bien se garder alors d'étendre ses Troupes ; ce seroit courir un risque certain. Au reste si le terrain est avantageux pour combattre l'Ennemi, il vaut mieux le laisser passer, que de s'opposer à son entreprise, ce qui n'est pas sans exemple.

CHAPITRE XX.

Du passage d'une Riviere.

AUTANT le Général, qui défend un passage de Riviere, a d'intérêt de ne pas trop étendre son Armée, autant celui qui le tente doit-il employer le plus de terrain qu'il lui est possible, afin d'être à portée de multiplier ses mouvemens, & de donner par-là plus aisément le change à son Ennemi. (*a*)

Les passages sont plus ou moins difficiles, selon que la Riviere est plus ou moins large, plus ou moids profonde, que ses bords sont plus ou moins escarpés, & le terrain des rives plus ou moins couvert. Mais le tout dépend de la situation du Pays que la Riviere parcourt.

On la passe de vive force, (*b*) quand on est de

(*a*) Labiénus, un des Généraux de César, voulant passer la Seine que les Gaulois défendoient, feignit de la vouloir passer dans l'endroit le plus aisé, tandis qu'il la passa dans l'endroit le plus difficile, où l'Ennemi ne s'étoit point précautionné.

(*b*) En 1672. la Maison du Roi passa le Rhin à la nage & força le Général Wurtz, Commandant des Alliés, à céder le terrain : les Troupes Françoises étoient serrées de front, pour pouvoir, à la faveur les uns des autres, résister à la rapidité du courant de l'eau.

Le passage du Granique par Aléxandre, est un de ces passages de vive force que l'Histoire ancienne nous offre, où l'on voit une Armée peu nombreuse, sans finesse & sans ruse, passer une Riviere, attaquer & dissiper une Armée considérable en ordre de bataille sur le bord opposé.

beaucoup fupérieur aux Ennemis ; par adreffe, quand leur Général n'eft pas affez fur fes gardes ; par l'avantage du terrain qui borde les rives ; ou enfin par la fupériorité de l'Artillerie, à l'abri de laquelle on jette un Pont.

Si c'eft une Riviere telle que le Rhin, il faut étendre fon Armée, faire mine de paffer dans plufieurs endroits à la fois, & fur-tout où font les ifles, qui couvrent les mouvemens ; rien ne facilite tant un paffage, que lorfqu'il fe trouve quelque hauteur dont on puiffe s'emparer pour conftruire la tête du Pont. (*a*) Si c'eft une Riviere guéable en différens endroits comme la Meufe, il faut examiner avec attention fi le terrain oppofé eft favorable pour fe déployer & pour foutenir une attaque.

Quand un gué fe trouve au-deffus & peu éloigné d'une autre Riviere, le paffage eft d'autant plus facile, que l'on peut avoir une de fes aîles appuyée, lorfqu'on veut fe former de l'autre côté.

S'il fe trouve au-deffus ou au-deffous un gué plus large que les autres, quoique plus profond, il faut le prendre par préférence, tant pour empêcher l'Ennemi de fixer fon attention de ce côté-là, qu'afin de pouvoir y paffer fur un plus grand front. (*b*)

(*a*) Guftave-Adolphe voulant paffer le Leck, fit femblant de vouloir forcer le paffage, malgré l'Armée Impériale, commandée par le Général Tilli ; pour cet effet il fit jouer foixante & dix piéces de canon fur un bois qui couvroit l'Ennemi ; & pendant qu'il l'amufoit par cette feinte, il envoya un Détachement s'emparer d'une hauteur, à la faveur de laquelle il jetta fon Pont & paffa la Riviere fans obftacle.

(*b*) Céfar paffa la Loire à l'endroit le plus profond, autant pour y paffer fur un plus grand front, que pour tromper l'Ennemi, qui ne s'imagina point que Céfar dût choifir le plus difficile. Il eft à remarquer que dans ce paffage, la Cavale-

Comme on fçait le tems qu'il faut pour jetter un Pont, auffi-bien que pour le paffage d'une Armée, on peut fçavoir de même le tems que l'Ennemi doit mettre pour s'y oppofer, & le nombre de Troupes qu'il y peut employer. On ne fçauroit donc manquer, avec une combinaifon jufte, de réuffir également dans le paffage ou la défenfe d'une Riviere.

Celui qui veut la paffer a d'autant plus davantage, qu'il eft maître de fes mouvemens ; (*a*) au lieu que celui qui la défend, a bien des mefures à prendre : une feule manquée, peut être d'une dangereufe conféquence.

Perfonne ne traite mieux cette matiere que M. Folard dans fon Polybe, tome cinquiéme, où je renvoi le Lecteur. Sa façon de marcher à l'Ennemi, après le paffage d'une Riviere, eft admirable, & jamais fa Colonne ne peut être mieux employée.

Quand on veut paffer une riviere, il faut néceffairement avoir plufieurs Ponts de proche en proche, afin de communiquer plus aifément ; (*b*) &

rie étoit au-deffus de l'Infanterie & formoit une efpéce de Digue contre la violence du courant.

(*a*) Pour furprendre un paffage de Riviere, il faut journellement faire de fauffes tentatives à la vûe de l'Ennemi, qui, fatigué des vaines allarmes, ne devient pour l'ordinaire que trop négligent fur les véritables.

(*b*) Il s'en fallut peu que Céfar ne perdît à un paffage de Riviere les Troupes que commandoit Plancus. Ses Ponts étant éloignés les uns des autres, celui fur lequel Plancus paffoit fe rompit, & il n'eut que le tems de fe retrancher, avec ce qui étoit paffé, fur une hauteur où l'Armée ennemie vint l'affaillir : Fabius qui avoit un Pont au-deffous, accourut pour le dégager.

pour établir une communication sûre, il est de la prudence de faire un retranchement d'un Pont à l'autre. (*a*)

Don Bernard de Mendoza, dans son Livre de Théorie & de Pratique Militaire, dit que quand une Armée passe à gué une Riviere, il faut démonter le canon de son affut & le faire passer avec deux cables bien tendus & un moulinet ; les affuts moins pesans, ne courent point de risque de s'embourber dans le lit de la Riviere.

Lorsque le passage est fait, il faut connoître à fond le terrain qu'on doit occuper, afin de s'y fortifier de façon qu'on ne puisse être forcé par l'Ennemi, & assurer tant la tête de son Pont, que le débouché.

(*c*) L'Auteur de la Pratique & des Maximes de Guerre, & M. Folard, dans son quatriéme Volume de Polybe, nous apprennent qu'il faut, autant qu'il est possible, jetter ses Ponts dans les angles rentrans que forme la Riviere, & si-tôt que le passage est fait, tirer une ligne de communication des deux pointes opposées avec des retranchemens en demi-cercle. C'est ce que d'habiles Généraux ont souvent pratiqué.

CHAPITRE XXI.

Des Cantonnemens.

DECAMPER en préfence d'une Armée, prendre à propos fes Cantonnemens, affurer leur fubfiftance & les diftribuer de maniere qu'ils foient à portée de fe joindre, en cas d'attaque, font des opérations, qui font honneur à la vigilance & à la capacité d'un Général.

On a vû fouvent périr des Armées entieres (*a*) par les fautes qu'on a faites dans la façon de cantonner. (*b*) Il eft cependant difficile de donner là-deffus des régles fixes, eu égard aux différentes fituations, des lieux, aux montagnes qui s'y trouvent, aux rivieres qui les coupent, & au nombre de villages plus grand dans un Pays que dans un autre;

(*a*) L'Armée d'Amurat périt prefqu'entiérement de maladie fur les frontieres de Perfe, parce qu'il avoit refferré fes quartiers de façon que les Soldats étoient les uns fur les autres. Les maladies y devinrent épidémiques & en firent périr une fi grande quantité, qu'il fut obligé d'abandonner la Campagne, & de plus de cent mille hommes qu'il avoit, à peine en ramena-t-il trente mille.

(*b*) Le Comte de Rantzau ayant fuccédé au Maréchal de Guébriant en 1643. pour le Commandement de l'Armée, cantonna fes Troupes aux environs de Dutlingen, où elles furent prefque toutes enlevées par le Général Merci, & à peine échappa-t'il de cette Armée fix mille hommes, qui, fans armes & fans argent, regagnerent la frontiere & pafferent le Rhin. Cet échec arriva au Comte de Rantzau pour avoir mis trop tôt fon Armée en cantonnemens, fur la foi des rapports qu'on lui fit de la prétendue retraite des Ennemis.

mais au défaut des régles particulieres, on peut, ce me semble, en établir de générales telles que celles-ci.

Quand une Riviére sépare deux Armées, les Troupes qu'on laisse le long de cette Riviere, soit pour s'établir, soit pour épier les mouvemens de l'Ennemi, procurent les moyens de décamper aisément pour prendre ses quartiers.

Mais si l'une & l'autre Armée ne sont séparées que par quelque Village, ou quelques postes rétranchés, un Général ne doit point risquer le décampement, à moins qu'il ne soit bien sûr de son entreprise.

S'il veut cantonner à l'endroit où est son Camp, il faut qu'il s'élargisse à droite ou à gauche, selon la disposition du terrain ; que chaque logement de sa premiere ligne soit si bien retranché, qu'elle n'ait point à craindre un coup de main, & surtout qu'elle ait une communication sûre d'un poste à l'autre ; (*a*) que les flancs soient appuyés de façon à ne pouvoir être tournés facilement, & à mettre son Pays & ses Magasins à couvert. (*b*)

Cette

(*a*) Dans une Guerre civile de Carthage, Annibal fut défait devant Thunis par Mathon, un des Chefs des Rebelles, pour avoir négligé d'établir une communication sûre entre son quartier & celui d'Armilcar, dont il ne put recevoir de secours que fort tard.

(*b*) Pour couvrir des Magasins & tenir une communication libre, il faut occuper sur la route les postes, qui pourroient y devenir nuisibles, si l'Ennemi s'en emparoit. Au Siége de Tortoze l'Armée combinée de France & d'Espagne, pour assurer ses Convois, établit une chaîne de postes de demi-lieue en demi-lieue jusqu'à ses Magasins ; ce qui ne faisoit gueres moins de huit lieues : sans cette précaution il auroit été difficile de continuer le Siége & de protéger tout ensemble les Magasins & les Convois.

Cette premiere ligne doit être compofée d'Infanterie, de Troupes légeres & de quelque Artillerie, placée dans les endroits où l'on juge pouvoir s'en fervir utilement.

Pour être averti des mouvemens de l'Ennemi, (*a*) il faut avoir de petits Détachemens en campagne, qui les obfervent fans relâche, & des fignaux, afin que toute la ligne puiffe être inftruite, en cas que l'un des quartiers vienne à être attaqué. Les fignaux fe font la nuit par des feux que l'on allume fur quelque hauteur, & le jour par la fumée ou quelques coups de canon.

Le quartier du Général doit être avec l'Artillerie au centre de la feconde ligne, compofée d'Infanterie & de quelque Cavalerie, pour fervir d'efcorte aux Convois.

Il faut avoir la précaution de choifir un terrain propre à fe former en bataille, en cas que l'Ennemi vienne vous attaquer, & chaque Corps de l'Armée doit avoir un lieu marqué pour le rendez-vous, & un fignal convenu pour y marcher.

(*a*) En 1703. le Prince Eugene parut aux portes de Crémone, fans que les François en fuffent avertis, & dans le tems qu'ils le croyoient bien éloigné ; un effet heureux du hafard & la valeur du Soldat fauverent feuls dans cette occafion la Ville & l'Armée. On n'avoit couru ce danger que pour avoir négligé de mettre en campagne différens petits Partis, & d'entretenir des Efpions fûrs, qui puffent faire fçavoir d'un inftant à l'autre les manœuvres & les marches de l'Ennemi.

CHAPITRE XXII.

Des Quartiers d'hiver.

ON ne prend ordinairement les Quartiers d'hi-ver que lorsque on est à peu-près sûr qu'il n'y a plus de danger à craindre, ou lorsque la mauvaise sai-son ne permet pas de faire aucune tentative. On les prend dans les Pays ennemis, lorsqu'on est sur l'of-fensive ; mais le Général doit les choisir de façon que ses Troupes y puissent être commodément & en toute sûreté. (a) Avec de l'intelligence il con-noîtra sans peine, à la position de l'Ennemi, une partie de ses projets pour la Campagne suivante.

S'il veut de son côté former quelqu'entreprise dans le courant de l'hiver, (b) il ne doit pas s'é-

(a) La longueur des nuits d'hiver est favorable pour les marches qu'on veut cacher, & pour surprendre des quartiers. Ce fut dans cette saison que Vespasien emporta au point du jour Jotapat. Il avoit pendant plus d'un mois, sans discon-tinuer, fait mine de l'attaquer en plein jour. Les Juifs, qui [illegible] repofer la nuit pour se remettre des [illegible] ne s'apperçurent de la surprise des Romains [illegible]
[illegible]
[illegible]

tendre si fort, qu'il se mette hors d'état de rassembler ses Troupes au besoin.

Couvrir son Pays, assurer ses Conquêtes, mettre ses Magasins à l'abri de l'insulte, occuper les Villes & les autres lieux en état de défense, sont les principaux avantages que doit chercher un Général en prenant ses Quartiers d'hiver; mais il est essentiel d'y faire regner l'ordre & la discipline : source ordinaire de l'abondance & de la tranquillité.

Plus on maintient des Troupes dans le devoir, plus on gagne l'affection des Peuples chez qui l'on hiverne. (*a*) Ils donnent sans peine & même avec plaisir tout ce qui est nécessaire à des Hôtes, qui les traitent avec douceur. (*b*) Mais si les loix qu'on leur impose sont trop dures, & si l'on ravage leur Pays, (*c*) les Soldats s'en trouvent fort mal dans la suite. Accablés de misere & manquant de tout, ils tombent malades, dépérissent de jour en jour, & le Gé-

(*a*) Gust. Adol. après la conquête de l'Isle de Rugen & de la Poméranie, en usa à l'égard des habitans avec tant de douceur & de modération, qu'il fit distribuer *gratis* du pain aux Pauvres, & accorda aux Peuples différens bienfaits : ce qui lui gagna entiérement leur confiance & leur amour. Ses Soldats en éprouverent des effets bien solides, lorsqu'au retour de leur expédition, manquant de tout, ils trouverent toutes sortes de secours dans l'affection & la reconnoissance de ces Peuples.

(*b*) Le bruit qui se répandit de la clémence d'Aléxandre à l'égard d'une Ville des Indes, lui gagna l'amour de toutes les autres, qui se rendirent sans peine à un si généreux Conquérant.

(*c*) Le but de la guerre doit être la conquête & la défaite de l'Ennemi, mais non la ruine d'un Pays, qui doit être le prix du Vainqueur. Ce n'est plus faire tort à l'Ennemi, que de ravager un Pays conquis ; c'est vexer ses propres Sujets.

héral eſt forcé de changer ſes diſpoſitions pour éviter la perte entiere des ſiens.

Il eſt juſte de faire payer les Contributions auxquelles un Pays conquis a été taxé ; (*a*) mais il faut, autant qu'il eſt poſſible, qu'elles n'excédent pas celles qu'il payoit à ſon Prince. Quel avantage pour une Armée, quand les habitans d'une Ville, où elle eſt en quartier d'hiver, ſont pour elle ! Un Ennemi qu'on traite humainement, (*b*) ceſſe bientôt de l'être. Il plie volontiers ſous le joug, & prend ſi bien l'eſprit de la nouvelle Puiſſance dont il eſt ſujet, qu'on ne doit craindre ni révolte, ni trahiſon de ſa part.

Il faut donc qu'un Général établiſſe un ſi bon ordre parmi ſes Troupes, & que les Chefs de chaque Corps y tiennent ſi bien la main, que le Soldat n'oſe l'enfraindre impunément. Qu'il jouiſſe, à la bonne heure, de ſes avantages ; mais qu'il en jouiſſe ſans violer le droit des gens. (*c*)

(*a*) Des Contributions trop exhorbitantes épuiſent un Pays & privent le Prince d'un revenu annuel ; les habitans abandonnant leur demeure, ſe diſperſent & vont groſſir le nombre des ſujets de l'Ennemi.

(*b*) Lorſque la Ville de Paris reconnut enfin Henry IV. pour ſon Roi, elle fut traitée avec tant de clémence par ce Prince, que l'on dit de lui qu'il étoit Vainqueur ſans qu'il y eût de Peuples vaincus ; & qu'on lui décerna à juſte titre le ſurnom de Grand & de Pere de la Patrie.

(*c*) C'eſt violer le droit des Gens, que de tolérer le pillage dans un Pays qui s'eſt ſoumis ; un Peuple pouſſé au déſeſpoir, devient ſouvent le plus terrible ennemi. Les Hiſtriens déſeſpérés de ſe voir pillés par les Romains, après s'être rendus à eux, ſe raſſemblerent & battirent les Romains à leur tour. Combien pourroit-on en citer d'exemples où les mauvais traitemens exercés ſur les vaincus ont fait perdre au Vainqueur tout le prix de ſes conquêtes !

Rien n'eſt plus glorieux que d'enlever une Ville ou quelque Quartier conſidérable , pendant l'hiver : (*a*) mais ſi malheureuſement on vient à échouer dans ces ſortes d'entrepriſes, on y perd beaucoup de monde, ſoit par la rigueur de la ſaiſon , ſoit par une réſiſtance vigoureuſe & obſtinée. On ſe met ainſi hors d'état d'entreprendre ce que l'on avoit projetté pour la Campagne ſuivante, & d'offenſive qu'étoit une Armée , elle ſe trouve obligée de ſe tenir ſur la défenſive.

Quoiqu'il en ſoit , il eſt néceſſaire qu'un Général faſſe ſouvent des Détachemens vers les Quartiers de l'Ennemi , tant pour le fatiguer en l'obligeant de ſe tenir ſur ſes gardes, que pour être inſtruit des mouvemens qu'il peut faire , & profiter des occaſions favorables qui peuvent ſe préſenter. (*b*)

(*a*) En 1674. M. de Turenne ayant ſçu que les Impériaux avoient pris en Alſace des quartiers éloignés les uns des autres, il raſſembla ſes Troupes , paſſa des montagnes , traverſa des rivieres , & après une marche très-difficile & ſecrete, tomba ſur ces quartiers : les uns furent enlevés ſans peine; les autres voulurent réſiſter & furent forcés , avec tant de bonheur & de courage, que l'Armée Impériale , trois fois plus nombreuſe que la ſienne, fut obligée de repaſſer le Rhin avec une perte conſidérable.

(*b*) Le même Maréchal ayant deſſein d'attaquer le Duc de Lorraine, fit courir le bruit qu'il alloit paſſer ſes Troupes en revûe ; ſous ce prétexte, il les aſſembla & marcha à l'Ennemi qu'il défit avant qu'il eût le tems de paſſer le Nekre , qui l'auroit mis en ſureté.

CHAPITRE XXIII.

Des Retranchemens.

ON fait des Retranchemens pour couvrir un Pays, (*a*) se rendre maître d'un passage, fortifier un Camp, (*b*) occuper une gorge, ou pour joindre une montagne avec une riviere, ou deux rivieres ensemble.

On n'en a guéres vû qui n'ayent été forcés pour peu qu'on les ait attaqués avec vigueur, & on y perd plus ou moins du monde, selon que les dispositions de l'attaque sont plus ou moins bonnes.

Pl. XI.

Il paroît étonnant qu'à forces égales une Armée retranchée se laisse forcer. La meilleure raison qu'on en puisse donner, est, ce me semble, celle-ci : Un Général qui se retranche, paroît ne prendre ce parti que pour éviter d'en venir aux mains ; le Soldat qui ne pense pas toujours conséquemment, juge d'abord

---

(*a*) César étant dans le Hainaut, dont les Campagnes étoient alors ruinées, se voyoit obligé d'envoyer au loin de gros Détachemens chercher la sufibstance de ses Troupes ; ce qui les affoiblissant trop, il prit le parti de faire un Camp retranché près du Bavet, qui étoit imprenable, & qui tint tout le Pays dans le respect.

(*b*) Les Ecossois avoient un Camp si fort par son assiete, qu'il défendoit l'entrée de leur Pays, & ôtoit à Cromvel toute espérance de les forcer ; celui-ci désespérant de les vaincre dans un Pays si fort, feignit de se retirer en Angleterre. Les Ecossois, comme il l'avoit bien prévu, ne manquerent pas de le poursuivre ; mais lorsque Cromvel les jugea assez éloignés de leur Camp, il fit volte-face ; le combat se donna dans un lieu nommé Dumbar, & la victoire fut complette pour l'Anglois.

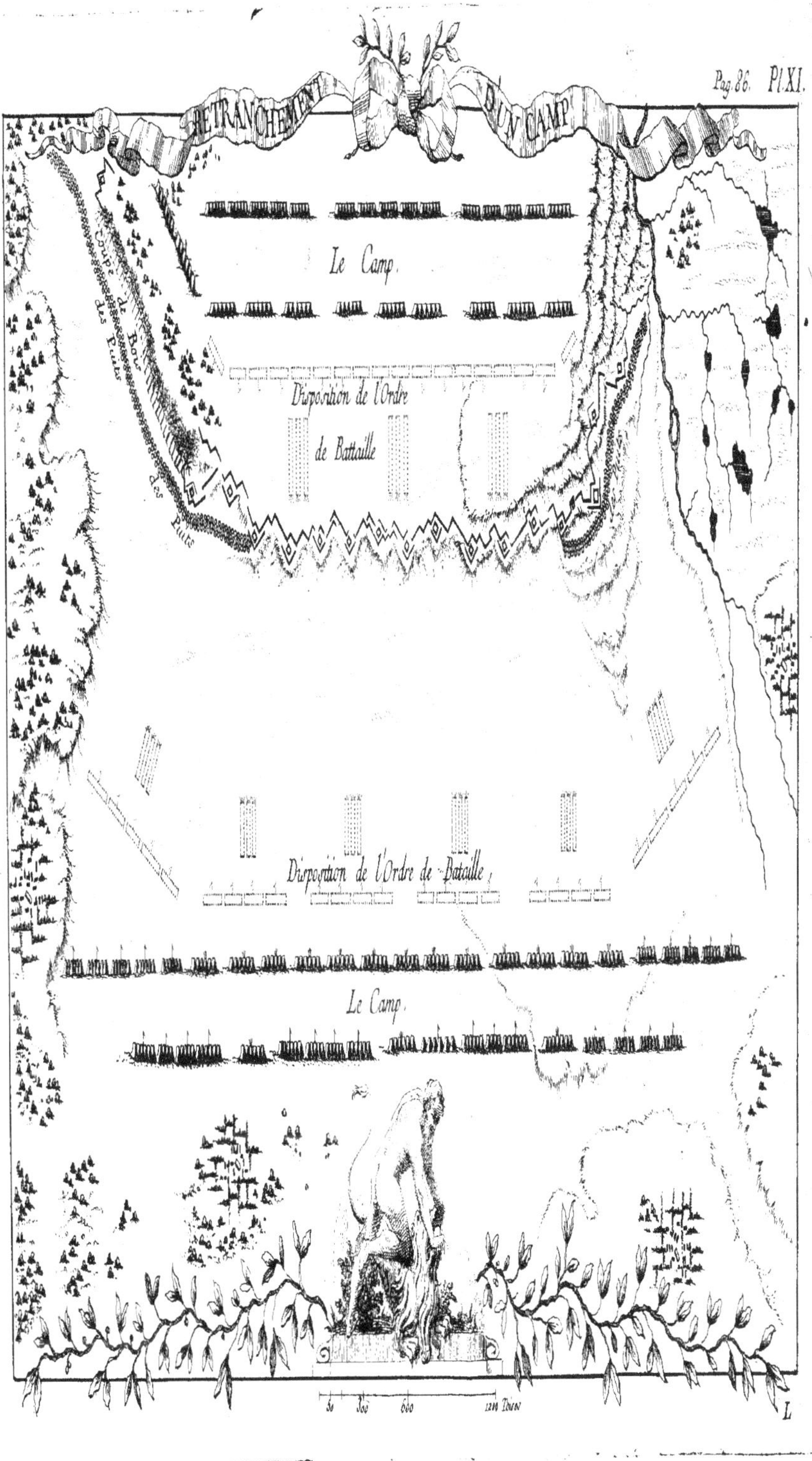

RETRANCHEMENT D'UN CAMP
Le Camp.
Disposition de l'Ordre de Bataille
Coupé de Bois
des Puits
des Puits
Disposition de l'Ordre de Bataille,
Le Camp.
50 300 600 1200 Toises
L.

que l'Ennemi doit être supérieur de beaucoup ; il s'intimide & se laisse abattre au point, qu'il perd tout courage à la premiere attaque. Pour le faire revenir d'une si fausse prévention, il conviendroit de l'instruire des raisons qui déterminent à faire des Retranchemens. Si on l'accoutumoit partout à se retrancher, supérieur ou non, ainsi que le pratiquoient les Romains, il perdroit bientôt toute idée de terreur panique à cet égard.

On ne force pour l'ordinaire un retranchement avec tant de facilité, que parce qu'on donne à la plupart beaucoup plus d'étendue que l'on a de Troupes pour les garder. (*a*) Par-là toutes leurs parties se trouvent foibles également (*b*) & faciles à pénétrer. Pourquoi ne pas remédier à un défaut dont on s'est plaint tant de fois ? Est-il donc impossible de se retrancher de façon qu'avec peu de monde on soit en état de se défendre ? Non sans doute, & pourvû qu'un Retranchement ait peu d'étendue, qu'il ne puisse être tourné, que le terrain où il est, domine, qu'il y ait des redoutes de distance en distance, des angles, des puits en avant, des abattis, des inondations, enfin

(*a*) On peut dire au sujet de toutes sortes d'attaques, qu'il n'y en a point de si heureuses que celle que l'Ennemi ne peut prévoir qu'au moment de l'exécution.

Le Marquis de Leganes, Général Espagnol, traversa les Lignes du Comte de Harcourt devant Lerida & fit entrer dans la Place 1500 hommes d'Infanterie & 800 de Cavalerie ; il n'exécuta cette entreprise que parce que les Lignes avoient trop d'étendue, & que les principales forces étant rassemblées au Quartier du Comte de Harcourt, qu'on croyoit menacé, il pénétra par celui du Comte de la Trousse qui étoit dégarni.

(*b*) Les Lignes de la Meagne jusqu'au Demer furent forcées par le même défaut de trop d'étendue, & avec peu de résistance au Quartier de M. de Roquelaure en 1706. ce qui obligea l'Armée Françoise de se retirer derriere la Dille.

tout ce que l'Art peut imaginer & ce que le terrain peut permettre, on n'aura point à craindre d'être forcé. La Planche qui est à côté donne le modéle d'un Retranchement où rien n'est omis du côté de l'Art, & de ce que la situation du terrain peut permettre.

Le Camp ne doit être qu'à cinq ou six cens pas au plus du Retranchement, (*a*) séparé en trois Corps, les Troupes se portant avec plus de promptitude & de facilité dans les endroits où leur résistance est nécessaire & en plus grande force.

On a vû quelquefois dans la défense d'un Retranchement que sa Garde ne servoit qu'à soutenir une premiere attaque, & se retiroit ensuite sur le Corps de l'Armée, qui se trouvant en bataille & prête à charger l'Ennemi, au moment de son passage, profitoit de son désordre pour le repousser avec vigueur; cette méthode a réussi presque autant de fois qu'on l'a mise en pratique.

C'est surtout dans l'attaque des Lignes & des Retrachemens qu'on peut se servir utilement de la colonne de M. Folard, & jamais elle ne peut être mieux appliquée. Il faut en avoir plusieurs; mais elles doivent être un peu éloignées les unes des autres, afin que dans le besoin on puisse les mettre en bataille facilement & sans se rompre.

On doit observer aussi dans un Camp retranché; d'avoir un terrain derriere, propre pour une retraite, & assez profond pour que la Cavalerie puisse ma-

______

(*a*) Les Lignes de Courtrai, entre la Lis & l'Escaut, avoient une si grande étendue, que plusieurs Généraux les abandonnerent. M. de Villars les soutint, postant & réunissant ses Troupes dans le centre, sans que l'Ennemi osât les passer par les flancs, de crainte qu'il ne tombât sur eux par derriere. Cette position retarda le progrès des Alliés.

nœuvrer , (*a*) s'il y a des défilés , il faut les ouvrir ; s'il se trouve des hayes ou des ravins , il faut les abattre ou les combler : plus d'un Camp bien retranché a été forcé , faute d'avoir pris ces précautions. (*a*)

La tête de chaque colonne dans l'attaque , doit être compofé de Troupes légeres & de Grenadiers protegés par le feu de l'Artillerie. L'heure la plus favorable pour l'attaque , eft celle qui précede le jour. On peut faire alors fes difpofitions & fes approches fans crainte d'être apperçu.

Lorfqu'un Général entreprend de forcer des Lignes & d'emporter un Retranchement , il doit être prefque sûr de la réuffite ; car s'il manque fon coup , il expofe fa gloire & facrifie fes plus braves Soldats ; (*c*) il eft donc à propos qu'avant l'entreprife , il examine mûrement s'il y a plus à gagner qu'à perdre pour lui ; (*d*) encore faut il que l'avantage foit bien confidé-

(*a*) Le Prince d'Orange perdit la Bataille de Nervinden pour n'avoir pas eu un terrain affez étendu pour placer fa Cavalerie ; il fut obligé de la mettre en écharpe , & cette pofition rendit fa gauche inutile.

(*b*) Si avant l'attaque de Chelenberg , les Bavarrois euffent fortifié l'itervalle, qui étoit entre la Ville de Donnavert & leur Camp , les Ennemis ne l'auroient point forcé par cet endroit-là ; ou s'ils l'euffent entrepris, il leur en auroit plus coûté , ou peut-ètre auroient-ils échoué.

(*c*) Placide , Général de Vefpafien , ne voulut jamais attaquer les Juifs retranchés fur une Montagne difficile ; il fe retira pour attirer les Juifs à fa pourfuite , ce qu'ils firent. Alors il envoya par un détour fa Cavalerie fe mettre entr'eux & la Montagne , pour les empêcher de rentrer dans les Retranchemens, & les attaqua enfuite de front & les défit entiérement.

(*d*) Henri IV. ayant négligé de combiner fi la perte de Calais lui feroit plus préjudiciable que l'acquifition de la Fére, abandonna la premiere de ces Places pour prendre la derniere , mais un choix fi peu réflechi , lui donna lieu de fe repentir.

rable, pour qu'il se détermine à l'acheter du sang de plusieurs milliers d'hommes.

OBSERVATIONS.

S'il est glorieux à un Général de sçavoir vaincre, il ne lui est pas moins avantageux de sçavoir profiter de la victoire. (*a*) L'Art de la Guerre est infini dans ses parties, car outre les variations, auxquelles il est sujet par rapport aux mœurs & aux usages des Peuples, il en éprouve encore tous les jours par les changemens qui se font dans les armes, par la découverte des machines, par la différence des climats. Jusqu'à présent on n'a pû en donner des régles sûres & déterminées, parce qu'elles dépendent le plus souvent des tems & des lieux ; cependant il y en a de générales, fondées sur une tactique commune à toutes les Nations de l'Europe, & qui a pour baze celle qui étoit en usage chez les Grecs & chez les Romains. Tout Militaire devroit se faire une étude de ces régles & des circonstances qui obligent quelquefois de s'en écarter.

Heureux si le peu d'observations que j'ai faites sur ce qui concerne le Service, sur la police & la discipline, (*b*) qui en sont inséparables, sur les devoirs & les

---

(*a*) On ne doit point se croire victorieux tant que l'Ennemi fait encore de la résistance, quelque foible qu'elle soit. Annibal, Marius, Pompée M. Antoine, &c. ont vaincu à la vérité, mais leurs dernieres actions n'ont pas répondu aux premieres. Ils nous ont laissé à douter, s'ils ne devoient pas plus à la Fortune qu'à leur conduite : César seul fut Vainqueur.

(*b*) Il faut du tems pour discipliner une Armée, beaucoup plus pour l'aguérir, & infiniment davantage pour faire de vieilles Troupes : l'Art qui imite la Nature, n'agit point par sauts, mais par dégrés.

talens de chaque Officier, felon fon grade, peuvent fournir de nouveaux moyens de perfectionner un Art, dont les régles femblent s'étendre à mefure qu'on l'étudie !

CHAPITRE XXIV.

Devoir du Lieutenant-Général.

IL feroit à fouhaiter que chacun pût connoître ce qu'exige de lui fon état. C'eft à cette connoif-fance que le Politique & l'Homme de guerre doivent en partie la réuffite de leurs projets. (*a*) C'eft elle qui affermit le Monarque fur fon Trône, qui fait jouir paifiblement les Peuples des douceurs de la vie, & qui donne aux Arts & aux Sciences leur véritable éclat.

(*a*) Etre judicieux & conféquent dans fa conduite, ferme & conftant dans fes projets, vigilant, actif & prompt à faifir les moyens qui les conduifent à un dénouement heureux ; trouver dans fon zéle de la force pour réfifter à la fatigue & fur-monter les obftacles ; n'être jamais fans méfiance où il pa-roît même n'y avoir aucun fujet de craindre ; être le premier à prévenir fon ennemi, fans jamais lui laiffer prendre cet avan-tage ; toujours en mouvement & tenir les fiens fans ceffe en haleine ; s'être élevé au-deffus des autres par fon mérite, tendre aux plus hauts emplois par des actions marquées, re-garder les graces dont il a été comblé, comme le prix de fes fervices, les eftimer à proportion des peines & des travaux qu'elles lui ont coûté, employer ces mêmes graces pour la gloire de fon Prince, ufer de l'aifance de la fortune pour en faire goûter la douceur à fes inférieurs dans le commerce de la vie ; c'eft là aux yeux de tous les Militaires le por-trait en racourci de l'Homme de Guerre tel que le Lieute-nant-Général.

On ne ſçauroit diſconvenir que nous ne devions la plupart de nos avantages à l'état militaire, puiſque c'eſt la Guerre qui nous procure la Paix, ſource de tout bien. Il eſt donc eſſentiel que les Officiers, ſur-tout ceux qui ſont deſtinés à la conduite des autres, ſçachent parfaitement ce qui leur eſt propre.

Le Titre de Lieutenant - Général eſt après celui de Commandant en Chef, le premier grade de l'Armée. Il faut que l'Officier qui par de longs & importans ſervices a eu le bonheur d'y parvenir, ne s'étudie dans toutes ſes opérations qu'à répondre à la confiance dont le Prince l'honore, & qu'il ſçache ſe mettre au-deſſus des envieux que ſon mérite peut lui ſuſciter. (*a*)

La diverſité des opinions dans un Conſeil de Guerre naît ordinairement du peu d'intelligence qui regne parmi ceux qui le compoſent; de-là tant de beaux projets avortés. Il eſt donc de la prudence du Lieutenant-Général d'examiner mûrement la matiére que l'on y met en délibération. (*b*) Il doit en propoſant ſon avis l'appuyer (*c*) de tout ce qu'il croit le plus avantageux pour le bien de la cauſe commune, mais ſans prétendre y aſſujettir les autres. Il ſe peut faire que leur avis ſoit préférable au ſien,

---

(*a*) Il eſt de la nature des belles actions de faire des envieux, mais il faut les confondre par de plus belles encore. Saluſte dit de Jugurta, qu'il s'étoit acquis tant de gloire, qu'il avoit vaincu l'Envie même.

(*b*) Le Général Montecuculi dit qu'on diſpoſe avec un ſage conſeil, la matiere pour la forme, les moyens pour la fin, & les parties pour le tout.

(*c*) On a dit d'un Général qui a commandé quelquefois les Armées, qu'il étoit un bon conſeil, & une mauvaiſe épée; ce qui ſignifie que l'on donne ſouvent un bon avis avec aſſurance, & qu'on n'a pas la même fermeté pour le mettre en exécution.

& en ce cas il doit en laiſſer le choix au diſcernement du Général en Chef. (a)

Ponctuel à ſuivre ſes ordres, il n'y a que l'impoſ-
ſibilité où il ſe trouve quelquefois de les recevoir,
qui l'oblige à entreprendre de lui-même quelqu'expédition, encore faut-il qu'il ſoit bien ſûr du ſuccès.

S'il eſt de jour, il viſite les poſtes de l'Armée
& en rend compte au Commandant en Chef. Il ne
peut trop s'attacher à mériter ſa confiance, non en lui
faiſant une cour baſſe & ſervile, mais en ſe diſtin-
guant par des actions qui lui parlent en ſa faveur.

Tantôt il conduit un gros Détachement, tantôt il
commande une avant-garde ou une arriére-garde, un
Camp détaché, une diviſion ou une aîle le jour
d'une Bataille; tantôt il commande une tranchée,
ſoutient une ſortie, dirige une ſappe, attaque un
chemin couvert, ou ordonne une diſpoſition pour
un aſſaut.

Quoique ces différentes fonctions ſervent à faire
connoître tous ſes talens, il en eſt d'une nature à ne
laiſſer aucun doute qu'il ne ſût très-capable de commander en Chef. (b) On en juge aiſément ſi c'eſt
dans un jour d'affaire générale, par la façon dont il

(a) Un Général en qui ſe trouve réuni l'eſprit, la force,
le courage & le jugement, peut tout entreprendre de lui-
même; mais il doit eſtimer la franchiſe & l'exciter dans ceux
qui compoſent ſon conſeil, en leur laiſſant la liberté de dire naturellement leur penſée; il ſe peut faire que quelqu'un, ayant
les mêmes idées que lui, ſur les projets qu'il a en vûe, lui
ſuggere des moyens auxquels il n'avoit point penſé, & ſouvent meilleurs que ceux même qu'il avoit prévûs.

(b) La nature produit quelques grands Hommes d'elle-même; mais l'exercice & l'expérience qui donnent la capacité,
en forment beaucoup plus.

s'y prend pour faire une attaque , & par les moyens qu'il employe pour vaincre les difficultés, (*a*) qui peuvent s'y rencontrer ; par la difcipline & le bon ordre qu'il établit parmi les Troupes qu'il comman-de pendant le Quartier d'hiver , par la précifion & la netteté des ordres qu'il donne dans une Tranchée , ou enfin par la conduite qu'il tient dans une Re-traite.

Il n'eft pas étonnant qu'un Officier Général foit quelquefois battu , mais il ne doit jamais l'être par fa faute, & encore moins fe laiffer furprendre,(*b*) & tom-ber dans quelque embufcade : (*c*) il n'en faut pas davantage pour obfcurcir fon mérite & pour l'em-pêcher de parvenir au Commandement des Armées.

(*a*) A la Bataille d'Almanfa , la premiere Ligne de l'Ar-mée Françoife, commandée par M. le Maréchal de Berwick, fut mife en déroute ; la feconde voulut la remplacer & fe mit en marche avant d'avoir reçu des ordres : M. d'Asfeld , qui s'apperçut qu'elle s'avançoit en confufion, l'arréta, & pour calmer les efprits, il leur repréfenta , que fi la premiere Ligne avoit plié , ç'avoit été pour obéir à l'ordre qu'elle avoit reçû. Pendant cet intervalle , M. d'Asfeldt, remit l'ordre dans la feconde Ligne , la mena à l'Ennemi , rétablit le combat, & contribua beaucoup de fon côté à faire décider la victoire en notre faveur.

(*b*) Il eft mille exemples où des Généraux fe fontlaiffés furprendre par un Ennemi , actif, vigilant & rufé. Annibal ne dut fes victoires fur les Romains qu'à l'habileté qu'il eut de les furprendre : Pirrhus dut auffi fes premiers avantages fur eux à la furprife où les jetta la vûe de fes Elephans.

(*c*) Rien ne ternit tant la réputation d'un Géneral , que le malheur de tomber dans une embufcade & d'y recevoir quel-que grand échec ; il eft ordinairement imputé à un manque de prévoyance, & il n'en faut pas davantage pour lui faire perdre l'eftime que lui avoient acquifes fes actions paffées, quelques belles qu'elles puiffent être.

Ce que nous avons dit des vertus morales & ci-viles dans le portrait du Général, ne convient pas moins aux grades qui les fuivent. Car les plus grands talens de la Guerre paſſeront toujours pour médio-cres s'ils ne ſont accompagnés des avantages qui caractériſent l'homme de bien. Plus le rang ou le poſte qu'il occupe eſt diſtingué, plus il doit ſe rendre recommandable par ſes vertus. (*a*)

(*a*) Rien ne diſtingue davantage un grand Homme dans chaque état que la vertu. Si le propre de la morale eſt de ré-gler les paſſions du cœur, celui de la vertu eſt de le rendre heureux en dirigeant ſes actions vers le bien. Plus une Place eſt élevée, plus elle expoſe dans un grand jour celui qui l'oc-cupe. Tel vice ou telle vertu, qui dans un Particulier ſeroient ignorés, ne peuvent échapper dans un Homme en place, aux yeux pénétrans du Public, & ſurtout de ſes inférieurs.

CHAPITRE XXV.

Du Maréchal de Camp.

DE tous les Grades Militaires, il n'y en a point qui soit plus propre à donner une idée juste de ce qu'un Officier pourra être un jour, que celui de Maréchal de Camp : c'est sur-tout dans ce poste qu'il doit travailler à acquérir toutes les parties du Général, en s'acquittant avec honneur des fonctions attachées à son emploi ; & des commandemens qui lui sont confiés.

L'Art de la Guerre n'a point de régles fixes, & il ne sçauroit même en avoir, à cause du grand nombre & de la diversité des mouvemens qu'occasionnent les différentes positions & les différens terrains qu'on parcourt, & qui sont très-opposés les uns aux autres ; cependant il est facile de les combiner géométriquement, pour peu qu'on veuille se donner la peine de les étudier. Cette opération seroit à peu près semblable à ce qui se pratique à l'égard des Fortifications, (a) ainsi que nous le ferons connoître dans le Chapitre des Evolutions.

On peut d'ailleurs s'instruire de tout ce qui concerne l'Art Militaire en lisant les Historiens Grecs & Romains, (b) les Mémoires des plus fameux Capitaines,

(a) Il est des Evolutions Militaires comme des Fortifications ; celles-ci sont des Lignes droites, qui par leurs jonctions forment toutes sortes de figures ; & les Evolutions Militaires sont également des Lignes droites & des Murailles mouvantes, qui prennent telles figures que l'on veut.

(b) Aléxandre le Grand avoit toujours Homere avec lui &

pitaines, les Relations des Guerres célébres, & enfin toutes les manœuvres qu'on y a employées.

Mais pour mettre utilement à profit cette lecture, il faut par un examen réfléchi sçavoir faire la différence des tems, des armes & des mœurs; il faut sçavoir les combiner de façon qu'on puisse en tirer de justes conséquences, & c'est l'affaire du jugement.

Il est vrai que la tactique n'a guéres varié & qu'elle est encore aujourd'hui, à peu de chose près, telle qu'elle étoit dans les premiers tems; mais elle ne suffit pas pour nous apprendre un Art, dont la grande régle est la pratique exercée par l'étude & les réflexions. Cette pratique (*a*) jointe aux différentes manœuvres affectées à l'emploi de Maréchal de Camp, le mettra bientôt en état de parvenir à ce dégré de perfection où tout Officier doit naturellement tendre, ainsi que nous l'avons démontré dans l'Article du Général.

Les Campemens, les Fourages, les Convois, les Escortes & les Détachemens sont pour le Maréchal

lorsqu'il dormoit, ajoute son Historien, il le mettoit sous sa tête. Selon le rapport de Plutarque, M. Brutus lisoit des jours entiers dans son Camp, si le soin de son Armée ne l'en détournoit pas. Charles XII. avoit toujours dans les mains l'Histoire d'Aléxandre le Grand; & un Auteur donnant des Leçons de conduite à un jeune Militaire, lui recommande de prendre les Commentaires de César pour l'objet de ses Méditations. Tout cela prouve qu'un Officier ne peut se former sans la lecture, & surtout des livres de son état.

(*a*) Il n'est pas facile de décider si un Général retire plus d'avantage de la Théorie que de la Pratique; toutes deux étant si importantes, que l'une, sans le secours de l'autre, ne peut seule former l'habile homme de Guerre. Les régles & les exemples, joints aux réflexions, peuvent fournir dans l'occasion des expédiens avantageux,

de Camp autant d'occafions pour fe diftinguer. Mais celles où il peut fignaler davantage fon habileté & fon expérience, c'eft lorfque pendant un Siége dans les Tranchées il commande en Chef une droite ou une gauche.

Au refte la connoiffance qu'il a ou qu'il doit avoir des Mathématiques, lui eft alors effentielle, afin que les travaux qu'il ordonne, foient en régle, & qu'il puiffe juger des directions du feu & des Batteries de l'Ennemi, pour ne point expofer fes Troupes mal-à-propos.

Attaché par état & par devoir au Général, il ne fçauroit mieux faire pour fe concilier fon eftime & fa bienveillance, que d'exécuter ponctuellement fes ordres, (a) & de lui rendre un fidele compte de l'exécution.

(a) Ptolomée envoya deux Détachemens par différens chemins avec ordre aux Commandans de s'attendre dans un lieu marqué pour donner tous les deux à la fois fur les Troupes de Mithridate. L'un d'eux ne fut pas plutôt arrivé, que voulant feul avoir l'honneur de la victoire, il attaqua l'Ennemi, fans attendre l'autre ; mais fa défaite fuivit de près fa témérité, & entraîna celle du fecond Détachement.

CHAPITRE XXVI.

Du Major Général.

UN des poſtes le plus utile à une Armée eſt celui de Major Général. Aſſujetti par état à un exercice continuel, Marches, Détachemens, ordre de Bataille, Siége, Eſcorte, tout roule ſur la conduite & l'habileté de cet Officier dans la diſtribution des Troupes. Le détail auſſi pénible qu'important de ſes fonctions, demande une intelligence ſi parfaite & tant de reſſources dans l'eſprit, que peu de gens ſont capables de s'en acquitter dignement. L'uſage veut que l'on en charge le plus ancien Major de l'Armée ; mais la préférence ne lui eſt dûe que lorſqu'un mérite bien décidé parle en ſa faveur. (a)

On ne ſçauroit trop réfléchir ſur le choix de la perſonne à qui l'on confie un poſte de cette importance. Il faut que celui qui en eſt jugé digne, ſoit d'un âge à pouvoir agir, & qu'il connoiſſe les Officiers ſupérieurs & particuliers qui ont quelques talens ; afin que chacun puiſſe concourir, ſelon ſes lumieres, aux vûes & à l'exécution des projets du Général.

(a) Les talens dans les hommes ne ſe reſſemblent pas ; la Nature accorde à l'un des diſpoſitions particulieres pour certaines choſes, qu'elle refuſe à un autre. Il faut donc néceſſairement, avant que d'embraſſer un état, quel qu'il puiſſe être, examiner ſi l'on a les talens propres pour y réuſſir. Ceux qu'exige le poſte de Major d'Armée, ne ſe développent qu'autant que la nature les a plus ou moins ébauchés.

Si l'Armée vient à manquer de munitions de guerre & de bouche, c'eſt à lui que les Corps doivent s'adreſſer. Egalement comptable au Soldat & à la régle, il ne doit pas être moins prompt à rendre juſtice à l'un, qu'attentif à faire obſerver l'autre. Il eſt inutile d'ajouter qu'ayant inſpection ſur pluſieurs milliers d'hommes, il eſt cenſé devoir donner l'exemple par la pureté de ſes mœurs, & par ſon attachement inviolable à la diſcipline, dont le moindre relâchement peut tirer à de dangereuſes conſéquences.

CHAPITRE XXVII.

Du Brigadier.

LE poſte de Brigadier a toujours été regardé comme l'Ecole des Officiers Généraux. Quiconque ſçait le bien remplir, s'aſſure d'un côté l'eſtime de ſes Supérieurs, & donne de l'autre une idée avantageuſe de ce qu'il pourra devenir dans la ſuite.

Il doit être à la tête de ſa Brigade un jour d'affaire, des Grenadiers dans une attaque, de l'Infanterie ou de la Cavalerie dans un détachement, des avant-gardes ou arrieres-gardes dans une marche, des Troupes dans un fourage.

Ses différentes fonctions lui donnent aſſez d'exercice pour qu'il puiſſe en peu de tems ſe rendre très-habile dans le métier par la pratique. Mais il doit s'être appliqué auparavant à la théorie ; afin de pouvoir agir avec connoiſſance de cauſe. (*a*)

____

(*a*) La théorie doit précéder & accompagner ſans ceſſe la pratique. Celle-ci donne l'expérience, qui ſert à éclairer

Il ne ſe paſſe rien dans une Armée dont il ne ſoit obligé de ſe rendre compte à lui-même, en mettant ſes obſervations par écrit ; s'il ignore pourquoi dans certaines opérations on fait une choſe plutôt qu'une autre, il eſt louable d'en demander les raiſons à un Officier Général, auquel il eſt attaché.

La préſomption eſt pouſſée aujourd'hui à un tel excès dans le Militaire, qu'il n'y a preſque point de Brigadier, ni même de Colonel, qui ne s'imagine en ſçavoir du moins autant que les Généraux les plus conſommés. Ce défaut eſt d'autant plus nuiſible au Service, que l'amour propre, qui nous ſurfait toujours à nos propres yeux, en eſt le principe. Mais un Officier a beau ſe prévaloir de ſon courage & de quelque talent naturel, s'il ne s'applique ſérieuſement à ſon métier, la honte & l'oubli ſeront ſon partage.

Je reviens au Brigadier. Vigilant & toujours actif, (a) il doit ſe trouver à toutes les occaſions où il peut s'inſtruire ; examiner toutes les manœuvres de ſon Armée, & celles de l'Ennemi même, pour en tirer d'utiles conſéquences ; s'accoutumer au coup d'œil ſi néceſſaire à un homme de guerre ; être uniforme dans ſa conduite, jaloux de l'eſtime & de la confiance des Généraux, & enfin ne rien négliger de tout ce qui peut contribuer à ſon avancement.

l'autre. Platon dit, à ce ſujet, que celui qui fait la trompette, n'en ſçait pas ſi bien connoître le défaut ou la bonté, que celui qui en tire les ſons.

(a) Dans la Guerre, dit Végece, la célérité ſert plus que la force : en perdant le tems, on laiſſe échapper l'occaſion.

CHAPITRE XXVIII.

Du Colonel.

COMME on a coutume de ne donner des Régimens qu'à la jeune Noblesse, qui achete, & qui le plus souvent n'a aucune expérience, il n'est pas étonnant que la plupart des Colonels ignorent ce que leur poste exige d'eux.

Un jeune Colonel, qui veut se rendre capable & se faire une réputation, doit commencer par se dire à lui-même qu'il ne sçait rien ; il est toujours en passe de trouver des occasions de s'instruire, soit pour la conduite de son Régiment, soit pour ce qui concerne le Service. Sa douceur & sa politesse, jointes à un grand desir d'apprendre, le feront chérir des Officiers ; & les anciens l'aideront avec d'autant plus de plaisir de leur conseils, (a) qu'il paroîtra plus empressé à les recevoir.

Ce n'est pas assez qu'il s'instruise en gros de tout ce qui regarde son Régiment, il doit entrer dans les moindres détails & n'en négliger aucun. Cette conduite le mettra bientôt en état de le gouverner avec sagesse & avec équité.

Rien n'est plus nécessaire & ne fait plus d'honneur à un Corps que l'union. Quand elle est bannie d'un

___

(a) Celui qui croit se suffire à lui-même, & n'avoir pas besoin de conseil, ne mérite aucune compassion lorsqu'il vient à tomber dans quelque disgrace.

Régiment, souvent le Colonel en est la cause, soit par une préférence trop marquée pour de minces sujets, soit par son peu d'attention à ménager ou à concilier les esprits. Ceux, qui sont recommandables par de longs services (*a*) & d'heureux talens, méritent une sorte de distinction, qu'il ne peut leur refuser sans injustice ; il doit même les faire connoître aux Inspecteurs. (*b*) Plus il s'intéresse pour eux, plus il inspire aux jeunes gens d'ardeur & d'émulation pour le métier. (*c*)

Qu'un Capitaine ait le malheur de perdre une partie de ses Soldats par la mort ou la désertion ; si ce Capitaine est homme de mérite & d'ailleurs peu favorisé de la Fortune, il est de la grandeur (*d*) du Colonel de le soulager & de l'aider à se rétablir.

Mais il n'est pas moins de son devoir d'empêcher que ses Officiers ne se mettent, par leur dérangement, dans le cas de ne pouvoir payer leurs dettes on sortant d'une Garnison ; vice qui n'est que trop commun de nos jours : les plaintes qu'ils excitent, indisposent le Ministre, & décrient le Régiment.

(*a*) Le mérite des longs services doit sa naissance à l'expérience, & sa réputation au tems. C'est pourtant une foible recommandation, si elle n'est soutenue par des talens qui la fassent valoir.

(*b*) Le Maréchal de Monluc disoit que ceux qui servoient sous le Maréchal de Brissac étoient heureux, parce qu'il ne cessoit de faire valoir auprès du Roi ou de son Ministre les Officiers qui s'étoient distingués par quelqu'action, qu'il ne leur eût fait obtenir une récompense proportionnée.

(*c*) L'émulation est une louable qualité de l'esprit, qui lui fait admirer le bien & l'enflamme du desir de l'imiter ; c'est elle qui fait les grands Hommes.

(*d*) Ce n'est pas moins une vertu de politique que de générosité, dans ceux qui ont la puissance en main, de soulager les moins considérables, & de les prévenir même par des secours qu'ils n'oseroient demander.

G iiij

Ennemi des vicieux , il doit user de tous les moyens que lui suggere sa prudence, pour les remettre dans la bonne voye. Mais si la douceur & la sévérité deviennent inutiles , il faut avoir recours au grand reméde , s'en défaire. La dépravation des mœurs est une espéce de gangréne , qui gagne bientôt tout le corps , si l'on n'en retranche la partie corrompue.

Plus on respecte ses Supérieurs , plus on se fait respecter soi-même de ses inférieurs. Ainsi le Colonel , qui ne veut pas que ses Officiers oublient ce qu'ils lui doivent, ne sçauroit mieux leur faire sentir la nécessité de la subordination , qu'en témoignant une entiere déférence pour tous les Généraux.

Un de ses devoirs les plus essentiels , est de ne point souffrir que les Soldats s'écartent pour la maraude , & de punir les Capitaines , qui seroient assez indulgens pour la tolérer. On ne peut sévir trop rigoureusement contre une licence qui blesse tout à la fois & la bonne discipline , & le droit des gens. (a)

Etre présent à tous les exercices, faire faire les évolutions, en expliquer tous les mouvemens & marquer les occasions où il faut les mettre en pratique ; maintenir l'ordre & la propreté, examiner tout ce qui concerne la dépense du Corps, & la régler suivant les fonds , voilà ce que fait ou du moins ce que doit faire un Colonel , quand il est à son Régiment.

(a) Les François & les Bourguignons étant en marche pour porter la Guerre contre Leogliblide seiziéme Roi des Goths établis en Espagne , commirent tant de brigandages en passant par le Languedoc , qu'étant obligés de revenir sur leurs pas après avoir été battus , ils furent presque tous mis en piéces par les Peuples de cette Province, qui ne se porterent à un si cruel traitement , que pour se venger de celui qu'ils en avoient reçû peu auparavant.

Mais outre les obligations de son état, il en a
une à remplir, qui, quoique indépendante du Service, n'est pourtant pas à négliger.

La plupart des Officiers ne s'occupent, pour l'ordinaire, que de choses assez frivoles. Pour les en
détourner peu à peu, il seroit à propos que leur
Colonel les produisît tour à tour chez les personnes
de marque & de distinction. Ils trouveroient dans
leur commerce un double avantage ; le premier de
fuir l'ennui & d'éviter les occasions de dépense ; le
second de se former l'esprit & le caractére, en prenant insensiblement le ton de la bonne compagnie,
sans laquelle ils auront toujours je ne sçai quoi d'in-
culte & de grossier.

CHAPITRE XXIX.

Du Lieutenant-Colonel.

LA discipline & la subordination, inséparables
l'une de l'autre, ne peuvent regner dans un
Corps, qu'autant que le Chef, préposé pour l'y
maintenir, est capable de veiller à sa conduite &
à ses besoins. Comme le Colonel n'est d'ordinaire qu'un certain tems de l'année à son Régiment,
tout roule, en son absense, sur le Lieutenant-Colonel, qui ne parvient à ce grade qu'à titre d'ancien-
neté. Mais il peut avoir vieilli, même avec honneur,
dans le Service, & n'en être que plus incapable de
remplir ce poste, qui demande une vigilance & des
soins assidus.

En effet, s'il est trop infirme ou trop âgé, il ne
sçauroit vaquer que très-superficiellement au détail

de ſes différentes fonctions. Le Régiment en ſouffre, la diſcipline s'altére , la ſubordination diſparoît, les Chefs ſont mépriſés , & les mœurs ſe corrompent , de façon qu'il faut un tems conſidérable pour mettre les choſes dans leur premier état. Il eſt donc d'une néceſſité abſolue , pour le bien du Service, que le choix d'un Lieutenant-Colonel ne tombe , dans chaque Régiment, que ſur un Officier qui ſoit en état de commander & de ſe faire reſpecter.

Ceux qui n'ont aucun talent pour la Guerre, ou qui ne prennent ce parti-là que pour ſe donner quelque relief dans leur Province , ne peuvent goûter cette diſcipline exacte, dont nous parlons ſi ſouvent, & dont , à les entendre , on ne devroit jamais parler. Ils ſoutiennent qu'elle eſt abſolument contraire au génie de la Nation ; que l'Officier, qui ne ſert que par amour pour ſon Prince & pour l'honneur, n'eſt nullement propre à s'aſſujettir à de pareilles contraintes.

Il eſt facile de leur faire connoître qu'ils ſont dans l'erreur , & que des idées auſſi ſinguliéres ne peuvent venir que d'un défaut de goût pour le métier , & du peu de ſolidité de leur jugement.

Eſt-il naturel de croire qu'une Nation auſſi intelligente & auſſi ſouple que la nôtre , ne puiſſe être ſuſceptible de ſubordination ? (a) Le Prince n'a qu'à

______

(a) L'amour propre eſt pour l'ordinaire le plus grand obſtacle à la ſubordination , établie pour contenir ou ramener chacun dans le devoir. Il ne faut donc pas être ſurpris que la plupart des jeunes gens témoignent d'abord tant de répugnance pour tout ce qui ſemble donner atteinte à leur liberté ; mais on ne peut trop l'être que des Officiers, qui ont vieilli dans le Service , ſoient les premiers à vouloir proſcrire des régles auſſi ſages & auſſi néceſſaires que celles qu'impoſe une bonne diſcipline. » Le génie des François, diſent-ils , entre

dire un mot, je suis persuadé que la discipline militaire reprendra bientôt de nouvelles forces ; les Chefs, & particuliérement les Lieutenans-Colonels, feront plus vigilans que jamais pour la faire observer.

Elle n'est autre chose qu'une obéissance aveugle au commandement, & une régle suivie dans l'exécution. Tout Corps, réuni ou séparé, ne doit faire aucun mouvement qui pêche contre ces deux principes. Car enfin si une Troupe ne va pas où on l'envoye ; si une consigne ne s'exécute pas, de quoi peut-on être sûr à la Guerre, & quels succès peut-on s'en promettre ?

Le silence est absolument nécessaire pour obvier à nombre d'abus ; (a) sans lui les mouvemens se con-

» autres choses, est ennemi de toute contrainte ; & vou-
» loir l'assujettir à de certains détails, c'est courir les risques
» d'étouffer ces sentimens libres & généreux, qui caractéri-
» sent la Nation, & qui la distingue des autres Peuples. «
Quoi donc ? La subordination, par sa nature, est-elle capable d'éteindre ces sentimens? Jamais peuple fut-il plus jaloux de sa liberté que les Grecs & les Romains? Cependant quels exemples de subordination leurs Histoires ne nous présentent-t'elles pas ? Si par une noble émulation nous avons imité la politesse de leurs mœurs & leur amour pour les Arts, pourquoi rougirions-nóus de les imiter dans ce qui concerne les Loix du Service ?

(a) Il est absolument nécessaire de faire observer le silence aúx Troupes ; on a vû plus d'un exemple fâcheux faute de ne l'avoir pas fait garder. La licence de crier halte à la tête, à la droite, à la gauche, &c. est très-pernicieuse. Les Soldats s'étourdissent les uns les autres, & la confusion se met dans les rangs. Il y a eu des Armées qu'un foible murmure, provenu d'un petit nombre de Soldats, a saisies d'une terreur panique, & mises en fuite. Une Armée Romaine en Istrie, sous les ordres d'Aulus Manlius, se retira avec effroi pour quelques cris qu'avoit jettés un Sóldat.

fondent, le commandement eſt à peine entendu ; le Soldat diſtrait, ne ſonge à rien moins qu'à ce qu'il doit faire ; & ce qui eſt encore plus dangereux, il ſe donne la licence de dire hautement ſa penſée ſur ce qu'on ordonne ; les timides communiquent leur crainte aux autres, & les mutins entraînent les foibles : à qui en eſt la faute ſi ce n'eſt à l'Officier & au manque de ſubordination ?

On peut juger de-là combien la liberté de parler eſt préjudiciable à un Régiment, s'il n'eſt gouverné par un Lieutenant-Colonel, qui ſçache unir enſemble le zéle, la vigilance & la fermeté.

CHAPITRE XXX.

Du Major Particulier.

IL eſt des talens rares qui ne s'acquiérent qu'avec beaucoup de peine. Ceux qu'exige le poſte de Major de Régiment, ſont de ce nombre. Tel Officier le remplira mal ou médiocrement bien toute ſa vie, qui, peut-être, auroit été capable de remplir avec diſtinction tous les autres grades. (a) Un Colo-

(a) Tel a des talens décidés pour un genre, qui ſouvent n'a pas la plus légere diſpoſition pour un autre, quoique peut-être moins rempli de difficultés. Il eſt donc à déſirer que chacun occupe le poſte auquel la Nature ſemble l'avoir deſtiné ; l'ordre & le bien même de la Société en dépendent. Chez nous, dit un Auteur célebre, le Magiſtrat eſt ſçavant, & le Soldat brave : chez les Romains le Magiſtrat étoit brave & le Soldat ſçavant ; parce que chez eux la Robe & l'Epée étoient comme inſéparables. On pourroit citer plus d'un Etat dans l'Europe, où l'une & l'autre ſe trouvent réunies dans

nel jaloux de fa propre gloire, ne fçauroit être trop attentif au choix du Sujet, qu'il deftine à cette place, puifque l'intérêt de fon Régiment & le bien du Service en dépendent.

Irréprochable dans fa conduite, fidéle dans l'adminiftration des finances, & intégre dans tous fes décomptes, un Major doit préférer l'avantage & l'intérêt général au fien propre. Plus il eft fobre & tempérant, plus il eft à portée de vaquer toujours avec une égale préfence d'efprit & avec la même activité aux devoirs de fon état. En tems de Guerre il va prendre l'ordre du Major Général, & le rapporte enfuite au Colonel & au Lieutenant-Colonel, auxquels il doit être intimement attaché.

Une de fes principales fonctions, eft de tenir un Rôle exact des Officiers qui doivent commander, afin qu'on ne puiffe pas lui imputer avec juftice le malheur de ceux qui auroient été employés hors de leur rang.

Comme il ne fe paffe rien dans une Armée qui ne foit de fa compétence, il doit furtout avoir attention qu'on ne fatigue pas plus fon Régiment que les autres, & vifiter fouvent fes poftes, pour juger du plus ou du moins d'exactitude & de capacité des Officiers dans leurs difpofitions, & en faire part au Colonel.

La correfpondance étroite & journaliere qui fe trouve entre les Généraux & le Major, ouvre à celui-ci une voye fûre pour développer fes talens. Mais rien ne contribue davantage à donner de lui

une feule perfonne. Loin que la différence de leurs fonctions les rende incompatibles, elles fe communiquent au contraire mutuellement une force & un éclat, qu'elles feroient bien éloignées d'avoir, fi elles étoient féparées.

une haute idée que la bonne difcipline qu'il fçait
entretenir dans fon Régiment, & l'heureux choix
qu'il fçait faire des perfonnes qu'il affocie à fes différentes fonctions.

Il doit avoir une connoiffance d'autant plus parfaite de toutes les Evolutions Militaires, qu'il eft
obligé par état de les enfeigner aux autres. Plus il
eft méthodique & véhément dans fes inftructions,
plus il réuffit à leur en faire comprendre l'utilité.

La faifon du Printems eft celle que l'on choifit
d'ordinaire pour ces fortes d'exercices. C'eft à lui
d'en profiter pour former fon Régiment de façon,
qu'en méritant l'approbation de fes Supérieurs, il
puiffe être regardé de tous comme un homme fort
au-deffus de fon emploi.

CHAPITRE XXXI.

Du Capitaine.

TOUT Militaire, qui veut remplir son état avec honneur, doit non-seulement faire une étude particuliere du poste qu'il occupe, mais encore de ceux auxquels une louable ambition lui donne droit de prétendre dans la suite ; de sorte qu'en passant d'un grade à un autre, il paroisse aussi rompu dans le dernier que s'il l'avoit exercé toute sa vie.

Tel a été bon Lieutenant, qui souvent n'est qu'un Capitaine très-médiocre, & cela faute de s'être instruit des différens devoirs que ce titre exige.

Le principal est de se faire chérir des Soldats, en les traitant avec beaucoup d'humanité, & en leur donnant exactement ce qui leur est dû ; mais il faut, en même tems, qu'il ne souffre rien dans sa Compagnie, qui puisse donner atteinte aux mœurs & à la discipline.

S'il est de Service en Garnison, il doit être ponctuel à exécuter les ordres qu'il a reçûs. Si c'est en tems de Guerre, il doit s'appliquer à faire de son mieux ses dispositions. Un petit poste avantageusement placé, un retranchement fait avec intelligence, le font juger capable d'opérations plus importantes. S'il commande aux Travailleurs dans un Siége, toujours à la tête des Soldats, il doit leur montrer l'exemple ; (a) si c'est un jour d'affaire, sa fer-

____

(a) Plus on est élevé, plus on est obligé à l'exemple, il

meté , fon fang froid & fon courage , doivent infpi-
rer de la confiance à fa Divifion. (a)

Rien n'eft plus dangereux dans un Corps que l'efprit de parti. Un jeune Capitaine fe perd fi-tôt qu'il
a le malheur de s'y livrer. Il ne fçauroit donc éviter avec trop de fcrupule toutes fortes d'intrigues &
de cabales. Pour s'en garantir , il doit être inviolablement attaché à fes Supérieurs, & aveuglément dé-
voué à leurs ordres.

Si la Guerre eft l'objet de l'entretien de quelques anciens Officiers , (b) il doit leur faire connoître par fon attention à les entendre , le défir qu'il a
de s'inftruire , & combien il reffemble peu à ces jeunes préfomptueux qui ne fçavent rien , qui ne fçau-
ront jamais rien , parce qu'ils croyent tout fçavoir.

Il eft bon qu'un Capitaine de Cavalerie joigne à la
connoiffance des chevaux , celle des différentes maladies qui les affectent , & qu'il voye par lui-même
fi fes Cavaliers font diligens à foigner les leurs. Il
faut qu'il foit sûr de celui qu'il monte , afin d'éviter
les accidens qui peuvent arriver dans un jour d'action.

Il doit faire fa premiere étude des manœuvres de la
Cavalerie , & fçavoir prendre un terrain jufte , quand
il eft obligé de faire une caracole , de peur que le
centre ne vienne à créver , ou que l'aîle ne vienne à
tomber dans un foffé ou dans un ravin.

La

donne de la fermeté aux timides , & du courage aux lâches.

(a) Un courage intrépide , mais raifonné , eft le plus fidéle fecond qu'un homme de guerre puiffe avoir dans les
dangers où l'expofe fa profeffion.

(b) L'étude augmente les talens de la nature ; mais la
converfation des gens d'expérience les polit & les met en
œuvre.

La façon dont il doit poſter une Garde ordinaire ou mener ſa Troupe en détachement, les précautions qu'il doit prendre dans une marche, & les manœuvres qu'il doit faire en cas d'attaque ou de retraite, méritent de ſa part une ſérieuſe réflexion.

Pluſieurs de ſes ſemblables, pour n'avoir pas examiné d'aſſez près leur terrain, ont été ſouvent cauſe qu'une partie de l'Infanterie s'eſt vûe culbutée. Ces ſortes de fautes peuvent devenir d'une grande conſéquence pour une Armée, par les ſuites qu'elles entraînent.

Un Gentilhomme, qui entre au ſervice, n'eût-il qu'un commencement d'éducation, eſt ſûr d'acquérir en peu de tems tout ce qui lui manque de ce côté là, pourvû qu'il ſoit ſage & de bonne volonté. S'il eſt ſage, (a) il ne fréquentera que des Officiers de mérite & de réputation ; il apprendra dans leur compagnie (la meilleure école qu'il puiſſe trouver) à cultiver ſon eſprit, & à former ſon cœur. S'il eſt de bonne volonté, il employra une partie de ſon loiſir à des lectures ſolides & inſtructives, & à l'étude des Mathématiques, pour apprendre à diriger ſes opérations. Telle eſt la conduite que doit tenir un jeune Capitaine qui veut parvenir, & ſe rendre capable des premiers emplois.

(a) Fréquenter ſouvent des perſonnes diſtinguées par leur mérite & par leur réputation, c'eſt travailler pour ſa propre gloire, & c'eſt avoir acquis déja le titre d'homme eſtimable.

CHAPITRE XXXII.

Du Lieutenant.

IL eft affez ordinaire dans plufieurs Etats, que la Nobleffe, qui devroit en être le foutien, ou ne ferve qu'à la Cour, ou traîne à la campagne une vie obf-cure & inutile. Les emplois militaires qu'elle néglige, font remplis par des Etrangers, la plupart gens mercenaires, & qui fongent bien plus à leur avantage particulier, qu'à la gloire du Prince & au bien de fes Sujets. Quel bonheur pour la France, de voir au contraire fa Nobleffe folliciter, briguer à l'envi de l'emploi dans fon Armée! Eft - ce l'intérêt qui la guide? non : l'honneur & le devoir font prefque toujours les feuls motifs qui la déterminent. Combien de parens s'épuifent pour foutenir leurs enfans dans le fervice! Ils y entrent qu'ils ont à peine quinze ou feize ans; quelquefois on les recommande à un Capitaine; mais le plus fouvent on les abandonne à eux-mêmes. Delà vient que plufieurs tournent d'abord affez mal.

L'effentiel dans toutes fortes d'états, & fur-tout dans le militaire, eft de bien débuter. Il faut donc qu'un jeune homme qui fait fon entrée dans un Régiment, s'y annonce de façon que chacun le puiffe voir du côté le plus favorable. Il fera fûr d'être aimé de fes fupérieurs, confidéré de fes égaux, & honoré des fubalternes, s'il a de l'ardeur pour le mêtier; s'il ne voit que des perfonnes qui puiffent lui donner de

bons conseils ; s'il eft uni dans fes manieres &
dans la façon de fe mettre ; (*a*) fi content de ce qu'il
a, il proportionne fa dépenfe à fes moyens. Un jeune
Officier qui commence par faire des dettes, fe familiarife
infenfiblement avec le vice ; fa mauvaife conduite
le deshonore, & le fait tomber dans un tel mépris,
qu'on le renvoie chez fes parens, fans efpérance
de pouvoir jamais rentrer dans le Service.

Tel y eft à peine initié, qui s'imagine que n'étant
plus fous la férule, le tems d'apprendre eft fini
pour lui. Mais ne faut - il pas qu'il fçache tout ce qui
concerne fon métier ? Et comment l'apprendra t'il,
s'il ne lit avec foin l'Hiftoire ancienne & moderne,
Puifségur, Folard & autres, fi profonds dans l'Art
militaire ? La paix lui laiffé affez de loifir pour qu'il
puiffe donner au moins quelques heures par jour à
cette forte d'étude. (*b*)

(*a*) Etre propre fans affectation, marcher uniment, avoir
une contenance naturelle & un air ouvert ; être doux, paifible,
civil ; parler peu & modeftement ; éviter les querelles,
aimer à obliger, avoir fait quelques Campagnes, c'eft avoir
fervi, & avoir profité de l'Ecole du Service.

(*b*) L'efprit, comme le corps, eft fujet au befoin d'une
nourriture, quoique d'une efpéce différente. L'Hiftoire, entre
autres avantages, a celui de former le jugement de la
Jeuneffe, en lui faifant comparer les chofes paffées, avec
celles qui font préfentes ou qui doivent arriver. Les événemens
& les paffions des hommes, à remonter aux fiécles les
plus reculés, ont tous un air de reffemblance, qui les peut faire
comparer les uns aux autres.

CHAPITRE XXXIII.

Réflexions.

EMPRUNTER de nos voisins ce qui peut nous procurer quelque avantage, est une maxime que la bonne
politique & la saine raison ont autorisée de tout tems.
Combien a-t-on vû depuis la paix de 1713,
d'augmentation dans leur tactique, & de changemens
utiles dans leur Milice ! La plupart d'entr'eux ont
accoutumé leurs Troupes à une telle subordination
& les ont rendues si souples & si propres à tous les
mouvemens militaires, qu'il n'y a point de Puissance qui fût en état de leur résister, s'ils étoient François.

Verrons-nous toujours tant de progrès d'un œil
tranquille, & négligerons-nous l'essentiel, sous le
vain prétexte que nous n'en avons pas moins eu la
supériorité sur nos voisins ? Mais pourquoi nous dissi-
muler que le zéle & le courage, secondés de l'amour
de la gloire & de la Patrie, ont fait plus des trois
quarts de nos succès ? Se flatter que de pareils succès doivent nous suffire seuls pour être toujours victorieux, c'est un préjugé dont nous pourrions bien,
tôt ou tard, être les victimes.

J'ai fait connoître dans le cours de cet ouvrage,
que la Discipline étoit la baze de la science militaire (*a*) ; que les Officiers supérieurs doivent ainsi

(*a*) On sent tout l'avantage d'une bonne discipline en lisant cet endroit de la vie d'Iphicrate : Il sçut contenir son Armée dans une discipline si exacte, qu'il ne se vit jamais

que les fubalternes, en faire leur principale étude, & la prendre pour guide dans toutes leurs actions.

Si l'on pouvoit parvenir à établir cette régle, notre Nation, qui a l'heureufe facilité de concevoir & d'apprendre tout ce qu'elle veut, s'y conformeroit bien - tôt; pourvû qu'on lui fît connoître, non par la force & la violence, mais par la voix de l'honneur & de la raifon, l'avantage qui lui en reviendroit.

Il eft donc abfolument néceffaire d'emprunter ce qu'il y a de meilleur dans la méthode, je ne dis pas feulement des Peuples qui ont été avant nous, mais encore des Puiffances voifines, d'enchérir fur leurs principes, & de les perfectionner même, s'il eft poffible. Le moyen le plus fûr pour y réuffir, feroit que l'on pût enfeigner aux jeunes gens l'Art militaire comme on leur enfeigne les autres fciences.

On diftribueroit leurs études par claffes proportionnées à leur âge; elles feroient au nombre de fept où on leur apprendroit la Religion, la Morale, le deffein, la Géographie, l'Hiftoire, les Mathématiques, la Geométrie, la Phyfique, les Armes, les Réglemens militaires, &c. Le projet auffi grand qu'utile, que le Roi vient de former, eft une preuve

en Grece de Troupes mieux difciplinées, plus agueries & plus ponctuellement obéiffantes à leur Chef. Ce fut par ce bon ordre & par cet exercice, qu'il les accoutuma à fe ranger fi bien d'elles mêmes au premier fignal du commandement, qu'il fembloit que chaque Soldat fût devenu Capitaine, & que le plus habile Général les eût mis en ordre de bataille. Ce fut avec des Troupes fi bien difciplinées qu'il tailla en piéces le meilleur Corps d'Infanterie des Lacédémoniens. De tels Soldats feroient encore aujourd'hui invincibles. C'eft l'ordre & la difcipline qui éclairent & foutiennent la valeur & lui affurent des fuccès, que l'on voudroit attribuer fauffement à une fortune aveugle & chimérique.

H iij

complette de l'utilité de cet établiſſement. (*a*)

Outre les Maîtres prépoſés pour l'inſtruction de cette Jeuneſſe élevée uniquement pour les Armes, on chargeroit les meilleurs Ecrivains de compoſer des Ouvrages courts & faciles ſur les différentes matiéres dont nous venons de parler. Ils ſeroient non-ſeulement à l'uſage des jeunes éleves, mais encore de ceux qui n'auroient pas le bonheur d'être du nombre. Nous avons à la vérité, pluſieuts Livres qui traitent de ces matiéres ; mais quelques bons qu'ils puiſſent être, ils ſont ou trop ſçavans, ou trop abſtraits, pour des enfans que l'on ſuppoſe avoir dix ou douze ans au plus.

(*a*) La force & le bonheur d'un Etat dépendent ſur-tout de l'éducation qu'on y donne à la Jeuneſſe. On ſçait qu'à Sparte & chez les Perſes, où elle étoit publique, tant qu'on ne s'y écarta point des maximes établies pour l'éducation de leur Jeuneſſe, ces Peuples furent des prodiges de valeur & de toutes les Vertus civiles & morales ; & que ce ne fut qu'après qu'on en eût altéré les principes, qu'on les vit auſſi dégénérer. La Jeuneſſe doit être par rapport à un Etat, ce qu'eſt une pepiniere pour un Arboriſte ; celui-ci a ſoin, avant d'en retirer les jeunes arbres, de leur ôter ce qu'ils ont de ſauvage, en leur faiſant, pour ainſi dire, changer de naturel & de tempérament.

CHAPITRE XXXIV.

Des Officiers Généraux.

L'INACTION de la plupart des Officiers Généraux pendant la paix, est une des choses qui nuisent le plus à un Etat. Le repos & l'oisiveté dont ils jouissent dans le sein de leur famille, leur font perdre insensiblement le goût du métier. Leurs talens s'émoussent, leurs lumieres s'affoiblissent, & l'excellent Officier n'est bien-tôt plus qu'un homme ordinaire.

Je suppose que la Paix dure dix ans : de plusieurs Généraux, qui se distinguoient dans la conduite des Armées, ou les uns sont morts, ou les autres ne sont plus d'âge à essuyer de nouveau les fatigues de la guerre. Il faut cependant les remplacer ; dure nécessité, qui oblige souvent de confier le salut des Troupes & de l'Etat même à des Officiers sans expérience, (a) & à peine instruits de ce qui s'est passé dans la derniere guerre. Le sang du Soldat & leurs fautes presque continuelles sont les degrés ordinaires qui les font parvenir avec le tems, à la

---

(a) L'expérience fait le grand Capitaine, & son habileté ne consiste pas tant dans la force des armes, que dans l'art de les employer, & dans les moyens dont il sçait faire usage, pour se concilier la victoire. Plus un Etat a de Chefs capables de la conduite des Armées, plus il a de soutiens. Ce ne fut point le grand nombre de Soldats, qui éleva la fortune de Rome au-dessus de celle de tous les autres Peuples de la Terre ; mais le nombre des bons Généraux, qui se multiplioient à mesure de ses besoins & de sa grandeur.

réputation de grands Capitaines. (*a*)

Il y auroit, ce me semble, un moyen facile de prévenir les inconvéniens dont nous parlons ; ce seroit que les Officiers Généraux se fissent en tout tems une douce habitude des exercices militaires. Le Prince jugeroit à loisir de la capacité d'un chacun, & de ce qu'il pourroit s'en promettre au besoin. (*b*)

On diviseroit les Troupes en Brigades, qui seroient toujours à portée de se rassembler au premier ordre. Un Lieutenant Général en commanderoit deux, & chacune auroit un Maréchal de Camp. Le tems de leur service feroit réglé par la Cour, & il en coûteroit peu pour leur entretien. Ainsi attachés à des Corps particuliers, ils connoîtroient plus aisément le fort & le foible des Troupes, & ils en rendroient un compte exact au Ministre.

On juge assez qu'un pareil établissement procureroit dans la suite un avantage d'autant plus sûr, que le Maréchal de Camp & le Lieutenant Général seroient animés tous deux d'une noble émulation. L'un travailleroit de plus en plus à maintenir la Brigade en bon état, & l'autre s'étudieroit à mériter l'estime & la confiance de la Cour par son zéle & son exactitude.

(*a*) Il en est de la plupart des Généraux comme des Médecins, qui le plus souvent ne deviennent habiles, & n'acquiérent de l'expérience qu'aux dépens de la vie des hommes.

(*b*) Rien n'est plus dangereux que de mettre des personnes en place, avant que l'on soit à peu près sûr de leur capacité. Il faut que ceux à qui l'on confie quelque poste considérable, fassent connoître, dès les premiers jours, qu'ils y entrent en Maîtres consommés, & non pas en novices.

CHAPITRE XXXV.

Des Guides.

ATTENDRE à faire des compagnies de Guides (*a*) que la Campagne soit ouverte, est un usage assez ordinaire, & qui m'a toujours paru contre la bonne politique ; vû qu'alors on se trouve forcé d'avoir recours aux naturels du Pays où se fait la guerre. Traîtres ou ignorans pour la plupart, ils occasionnent souvent les malheurs (*b*) qui arrivent à une Armée, & nous - mêmes en avons fait plus d'une fois la triste expérience. (*c*)

Il seroit beaucoup plus sûr d'établir quatre ou cinq Compagnies de Guides, qui fussent d'une intelligence & d'une fidélidé reconnue. Ils serviroient

(*a*) Les Guides font à une Armée ce que font les yeux au corps. On ne peut être trop attentif à les conserver & à les récompenser dignement.

(*b*) Crassus périt avec l'Armée Romaine, pour s'être confié à des Guides infidéles qui étoient payés & envoyés par l'Ennemi.

(*c*) Comme la victoire peut quelquefois dépendre de l'intelligence d'un Guide fidéle, qui fait appercevoir au Général des chemins ou des situations de terrain avantageux, sa perfidie peut aussi entraîner la perte d'une Armée en la conduisant dans des lieux où l'Ennemi a seul tout l'avantage du terrain, & par conséquent bon marché de sa défaite.

En 1734. pendant le Siége de Philisbourg, plusieurs Détachemens de Grenadiers & de Compagnies franches ayant été envoyés du côté de Brouckhsall, leur Guide, qui étoit vendu à l'Ennemi, les fit tomber dans une embuscade, où tous ceux qui ne périrent pas par le fer ou par le feu, furent faits prisonniers.

en tout tems, & on leur affigneroit un rang au-deffus du Soldat & une paye proportionnée. Ces diftinctions engageroient beaucoup d'enfans de famille à entrer dans ces nouvelles Compagnies, dont l'établiffement feroit une efpéce d'école. „

Chacune auroit fa Frontiere marquée : outre l'éxercice elle apprendroit à lever des plans, à fe perfectionner dans la langue du Pays où feroit fa deftination, à faire des rapports exacts, & à s'énoncer d'une façon nette & intelligible. Des hommes inftruits de la forte, deviendroient tout à la fois les Guides & les Interprétes des Officiers Généraux.

On en détacheroit tous les ans un certain nombre des plus experts, pour aller à la découverte des Pays étrangers. Ils inftruiroient à leur retour, l'Ecole affemblée de ce qu'ils auroient vû ; & le tout bien dirigé, on en drefferoit des plans qui feroient d'autant plus utiles au Service, qu'ils donneroient une connoiffance plus certaine de la pofition des lieux. (a) En moins de dix ans elle n'eft plus la même : ce qui étoit bois, devient rafe campagne ; ce qui étoit plaine, devient bois, vignoble ou Pays couvert. Les torrens changent de cours, & les petites rivieres de lit ; les anciens gués difparoiffent, & il s'en forme de nouveaux ; un bord efcarpé, devient pente douce; on voit des hameaux où il n'y en avoit point, & ceux qui exiftoient ne font plus.

Il en eft de même des Bourgs, des Villes, dont

____

(a) T. Q. Flaminius défefpérant de pouvoir forcer Philippe, Roi de Macédoine, qui s'étoit fortifié fur une Montagne regardée comme inacceffible, un Guide vint lui découvrir un chemin qui s'étoit formé depuis peu, & ignoré de Philippe même, & qui conduifoit fur la Montagne par le revers. Le Conful en profita, & les Macédoniens furent défaits.

les fortifications font négligées, & de mille autres chofes qui changent de face, & dont il eft important que le Miniftre & le Chef de l'Armée foient informés.

Chaque école auroit une carte générale & d'autres particulieres, fur lefquelles on marqueroit les changemens qui arriveroient dans un Pays. Quelle utilité ne tireroit - on pas des Compagnies de cette efpéce, fi l'Etat les traitoit favorablement ? Elles fourniroient bient tôt des Sujets capables de s'acquitter de leurs commiffions fecrettes avec autant d'adreffe que de fidélité. Il pourroit même s'en trouver parmi eux, qui feroient dignes d'être employés par le Miniftre des affaires étrangeres.

CHAPITRE XXXVI.

De la Police du Camp.

RIEN n'eft plus fage que toutes les Ordonnances touchant la Difcipline militaire. Pourquoi donc ne fe fait on pas un devoir de les obferver ? (*a*) Eft-ce indifférence pour le Service, averfion pour la dépendance, ou toutes les deux enfemble ? Nos plus fameux Capitaines ont penfé bien différemment. Toujours fidéles aux Réglemens établis, s'ils commandoient avec dignité, ils fçavoient obéir avec promptitude. Si nous avions le bonheur de reffembler à ces grands Hommes, qui doute que la Poftérité ne con-

______

(*a*) La Loi qui demeure fans exécution, eft une Loi morte. Il eft plus avantageux de ne pas faire des Ordonnances, que de ne pas les faire obferver.

fondît un jour les François avec les Romains ?

Je crois qu'un des principaux abus, auxquels il seroit à propos de remédier eſt le grand nombre d'équipages qu'une Armée traîne à ſa ſuite. (a) Dans quels embarras ne nous ont - ils pas jettés plus d'une fois ? Le peu de précaution que l'on prend à les couvrir (b) a ſouvent cauſé leur perte. L'Ennemi en a profité ; mais combien d'Officiers en ont été dérangés pour le reſte de leur vie ?

Les Romains n'avoient garde de donner dans ces dépenſes onéreuſes. Le plein d'une légion, en Bataillon quarré, contenoit tout l'équipage de ſix mille hommes. La Loi l'éxigeoit, & ils y étoient fidéles.

A peine les Troupes ſont - elles arrivées dans un Camp nouveau, que ſous prétexte d'aller chercher de la paille & du bois, elles ſe débandent & s'écartent ſouvent fort loin & cauſent beaucoup de déſordre. (c) Où en ſerions - nous ſi l'Ennemi nous

(a) Le meilleur moyen de retrancher le trop grand nombre d'équipages, eſt de les faire reſter en deça de la premiere Riviere, que l'Armée doit paſſer.

(b) Germanicus s'étant apperçû qu'il étoit très - aiſé à l'Ennemi d'attaquer les Bagages de ſon Armée, & à lui très-difficile de les défendre, ordonna auſſi-tôt d'en ſupprimer la plus grande partie.

(c) C'eſt moins la force, qui aſſure les conquêtes & tient les Peuples nouvellement ſoumis dans le reſpect, que les Loix & la Juſtice qu'on y établit, & le bon ordre qu'on fait regner parmi les Troupes. C'étoit la politique des Romains. Ils traitoient moins les Peuples qu'ils ſoumettoient par la force, en vaincus, qu'en amis qu'ils aſſocioient à leur Empire, & à qui ils faiſoient déſirer, comme un bonheur, de vivre ſous leurs Loix pleines de ſageſſe & de modération. Mais dès qu'ils dégénererent de leurs premieres vertus, & que l'avarice & la paſſion de s'enrichir ſuccéderent au déſintéreſſement ; la dicipline diſparut, le Soldat ſans frein pilla les

attaquoit dans une auffi fâcheufe pofition ! Pourquoi
ne pas charger les campemens d'ordonner aux Villages prochains de mettre dehors ce qu'ils ont de
paille ? Les Soldats conduits par leurs Officiers,
iroient la prendre en ordre & fans confufion, ainfi
que l'eau, le bois, & généralement tout ce qui leur
feroit néceffaire.

J'ai déja fait remarquer que le trop long féjour
d'une Armée dans un Pays fertile & abondant, peut
être nuifible aux Troupes.

Plus le Soldat trouve avec facilité les commodités
de la vie, plus il faut l'occuper à des exercices &
à des travaux continuels ; de crainte que l'abondance & l'oifiveté n'amolliffent fon courage.

Les délices infpirent la langueur & la pareffe,
& de l'inaction le Soldat paffe à l'ennui, de l'ennui
au libertinage, & du libertinage à la défertion ; en-
forte qu'en peu de tems on voit une Armée fe fondre
à vûe d'œil. (a)

Provinces, & pouffa l'infolence jufqu'à vendre l'Empire.
Les Peuples excédés de la violence du joug, préfére-
rent celui des Barbares, dont ils faciliterent les irruptions.
Autrefois les Strelis en Ruffie, & encore aujourd'hui les Ja-
niffaires en Turquie, font une image bien effrayante de ce
que peut une Troupe, qui n'eft point retenue par le frein
d'une difcipline févére. On a fouvent vû des Armées, où la
maraude étoit réprimée avec trop de négligence, s'attirer
l'averfion des Peuples qu'elles avoient foumis, & après les
fuccès les plus heureux, caufer leur propre perte par une licence trop effrénée. Telles ont été les Armées de Charles
VIII. & de Louis XII. en Italie.

(a) La plupart des vices naiffent de l'oifiveté comme de
leur fource naturelle ; la moindre occupation fuffit pour les
écarter. Les Romains ne laiffoient jamais leurs Soldats dans
l'inaction. Quand ils n'avoient point d'Ennemis à combattre, ils les occupoient à des travaux publics. Les chemins,
les acqueducs & tant d'autres monumens, qu'ils nous ont
laiffés, en font autant de preuves.

Il feroit donc à fouhaiter que dans un Camp, ne fût-il établi que pour huit jours, chaque heure pût être mife à profit.

Pour tenir le Soldat en haleine, (*a*) fi-tôt la Diane battue, on feroit la priere; après quoi la Garde s'affembleroit au lieu défigné pour l'infpection. La commodité des Troupes exigeroit qu'il y en eût deux en même tems, placées l'une à la droite, & l'autre à la gauche. La premiere feroit vifitée par le Lieutenant Général de jour, & la feconde par le Maréchal de Camp. Le Soldat dîneroit à dix heures, entendroit la meffe à onze, s'occuperoit jufqu'à quatre à chofes utiles au Service. Enfuite il feroit l'éxercice par Bataillon, par Régiment, ou par Brigade ; puis le fouper, la retraite & la priere; défenfe à lui de fortir de l'enceinte de fa Brigade, fans une permiffion; encore ne doit-elle pas lui être accordée trop légerement.

On voit fouvent que l'Officier Général s'éloigne de la divifion à laquelle il doit être attaché, pour fe loger plus commodément : il faudroit au contraire qu'il prît fon quartier derriere fes Troupes, afin qu'il pût, en cas de néceffité, fe porter d'abord à fon pofte ; d'ailleurs fes équipages auroient moins d'embarras , quand l'Armée décamperoit, & joindroient avec plus de facilité le rendez-vous.

La bonne Police voudroit que l'on affignât aux Vivandiers un terrain appuyé au Quartier général pour qu'ils puffent y camper en régle ; & non pas

---

(*a*) M. de Lautrec attaché au blocus de la Ville de Naples, & craignant que le long féjour qu'il feroit obligé de faire devant cette Place, ne rallentît l'ardeur & la difcipline , qu'il eft fi important de maintenir dans une Armée, exerçoit continuellement fes Troupes à des efcarmouches, & les faifoit travailler journellement aux retranchemens.

leur permettre, comme on fait, de loger dans les maiſons, qui d'ailleurs pourroient être occupées par des Officiers utiles à l'Armée.

Il ſeroit bon que l'ordre ne ſe donnât qu'après que les Officiers Généraux auroient viſité les poſtes, afin de n'être pas obligé de le donner une ſeconde fois, s'il y avoit quelque choſe de nouveau. Lorſqu'ils font leur tournée, ils devroient ſe faire accompagner d'une Troupe de Cavalerie. On en a vû qui s'étant égarés, en allant d'un poſte à l'autre, ont été pris ou tués malheureuſement.

Il n'eſt que trop ordinaire, quand une Armée eſt en marche, de ſouffrir que les Soldats ſortent de leur rang ſous prétexte de quelque beſoin ; cette négligence a toujours fait perdre bien du monde, vû qu'elle met dans la cas, les uns de déſerter, les autres d'être enlevés par l'Ennemi. Il eſt facile de parer ces inconvéniens, en ne permettant à aucun Soldat de quitter ſon rang, qu'auparavant il n'ait laiſſé ſon fuſil à un autre, & qu'un Sergent ou un Caporal ne reſte avec lui pour le faire joindre.

C'eſt un abus que de permettre aux Soldats de conduire les équipages de leurs Officiers. Cette tolérance fait une diminution de quatre à cinq mille hommes un jour d'affaire, & il peut arriver qu'un vuide auſſi conſidérable ſoit alors d'un très‑grand préjudice.

CHAPITRE XXXVII.

Du Génie & de l'Artillerie.

SI quelque chose doit contribuer à l'entiere connoissance du génie, c'est sans doute l'établissement d'une Ecole, où l'on puisse le mettre en pratique avec succès.

Celle que le Ministre vient d'établir à Sedan, est une nouvelle preuve de son zéle, toujours actif & toujours égal pour la gloire de son maître, & de son ardente application à perfectionner l'Art de la guerre dans toutes ses parties. Quel bonheur pour les Officiers d'avoir pour Protecteur & pour appui ce même Ministre, qui distribue les graces & les récompenses avec plus de joye qu'on n'en ressent à les recevoir! Travailler à s'en rendre digne, c'est être sûr de les obtenir.

La dissipation à laquelle on ne se livre que trop dans les Garnisons, éloigne nécessairement de l'étude la plupart des jeunes Ingénieurs. Mais quiconque voudra être admis dans la nouvelle Ecole y pourra faire d'autant plus de progrès, qu'il aura moins de tems à perdre. Il aura d'ailleurs à subir un examen plus rigoureux que tous ceux que l'on a faits par le passé sur le même sujet.

Si l'on pouvoit établir dans le Royaume trois ou quatre Ecoles semblables, il y auroit tout lieu d'espérer qu'elles ne céderoient en rien à celles de l'Artillerie.

On ne sçauroit disconvenir que cette science ne se soit beaucoup perfectionnée depuis un siécle. Cependant

cependant on voit quelques Etats dans l'Europe , où
le service de l'Artillerie se fait avec plus de promptitude ; sur - tout leurs petites piéces de campagne
l'emportent infiniment sur les nôtres.

CHAPITRE XXXVIII.

Des Troupes Etrangeres.

IL est de la politique & de l'intérêt d'un Prince
d'inviter à son service le plus d'Etrangers qu'il lui
est possible. Par - là il ménage ses Sujets , il s'en fait
de nouveaux , & enléve des hommes à l'Ennemi.
Quels avantages n'avons - nous pas tiré jusqu'à présent de ceux qui ont grossi nos Armées , & que n'en
devons - nous pas attendre à l'avenir !

La réforme est ordinairement ce qu'ils craignent
& ce qui les afflige d'avantage. Souvent sans bien ,
sans azile , & n'ayant d'autres ressources que le métier des armes , ils vont offrir leurs services à des
Puissances qui en profitent. (*a*)

Les Officiers , qui sont en état de s'en retourner
dans leur Patrie , y portent leur dégoût & leur mécontentement. La plupart gens de famille , même de
condition , s'étoient flatté de la juste espérance de

____

(*a*) On n'ignore pas combien la derniere réforme a fait
sortir d'Officiers du Royaume. La plupart se sont retirés en
Russie , où ils ont été reçûs avec joye , & pourvûs d'emplois,
qui font bien voir les services que cet Etat en espére pour la
discipline de ses Troupes , encore bien éloignées de celle des
autres Etats de l'Europe. Si on leur avoit proposé la demi-
paye , ils auroient préféré le Service de France à tout autre ;
quoique avec des avantages beaucoup plus considérables.

I

s'avancer au prix de leur sang ; mais loin de les en fruſtrer en les réformant, ne devroit - on pas au contraire les engager par l'attrait des récompenſes, par des priviléges & des diſtinctions honorables, à s'établir dans le Royaume ? naturaliſés François, ils tranſmettroient à leurs enfans leur fidélité, leur zéle & leur reconnoiſſance.

CHAPITRE XXXIX.

Des Troupes Légeres.

LEs Armées Autrichiennes ont tiré de tout tems la plus grande partie de leur force du grand nombre de Troupes légeres qu'elles entretiennent. Les ſervices ſignalés que nous avons tirés des nôtres dans la derniere Guerre, doivent nous faire ſentir l'avantage & même la néceſſité d'en avoir toujours plus que moins ſur pied. On les employeroit ſur-tout à ſoulager les Troupes réglées, qui par les Gardes immenſes qu'elles ſont obligées de fournir en campagne, dégarniſſent au moins de moitié les Bataillons. Quel préjudice un ſi grand vuide ne cauſe - t'il pas à une Armée dans un jour d'affaire ! Cependant qu'un Régiment vienne à être défait, on s'en diſſimule la cauſe. Ajoutons que le Soldat haraſſé par les gardes fréquentes, tombe malade & ſe trouve hors d'état de ſervir.

Il faudroit donc que l'Infanterie n'en eût point d'autres à faire que celles des Généraux & de ſon Camp. On attacheroit à chaque Brigade trois cens hommes d'Infanterie de Troupes Légeres, qui feroient les grand - gardes ; les Troupes Légeres à

Cheval feroient chargées de faire les patrouilles ; la Cavalerie feroit les gardes ordinaires.

Il eſt certain que ces Troupes, liées à des Corps bien diſciplinés, le deviendroient bien-tôt elles-mêmes, & perdroient inſenſiblement le goût naturel qu'elles ont pour le pillage.

CHAPITRE XL.

Des Dragons & des Huſſards.

LEs Dragons dans leur inſtitution, ſont une Infanterie que l'on met à Cheval, pour ſe porter avec plus de vîteſſe dans les endroits où il en eſt beſoin. C'eſt une Troupe fort utile & à toute main, pourvû qu'elle ſoit bien exercée. Elle doit être montée leſtement & armée comme l'Infanterie. Si on y attachoit quelques Coulevrines par Régiment, on pourroit s'en ſervir en bien des occaſions. Il feroit à ſouhaiter qu'il n'y en eût qu'une partie armée de Carabines, & que les Carabiniers fuſſent ſur le même pied que les Grenadiers d'Infanterie.

On ne tire pas, à beaucoup près, des Huſſards tout l'avantage qu'on pourroit en tirer, parce qu'au lieu de les laiſſer ſervir à leur mode, on veut en faire des Troupes réglées.

Comme leur deſtination eſt de couvrir une Armée & d'être toujours en mouvement, ils ne devroient avoir d'autres tentes que deux Fourches couvertes de leurs Manteaux. Leurs Timbales & leurs Etandarts leur ſont à charge, & ils vaudroit mieux qu'ils les dépoſaſſent dans une Garniſon, que d'être obligés de les garder.

CHAPITRE XLI.

De la discipline & de la subordination.

NOUS avons fait connoître en différens endroits de cet Ouvrage, mais seulement par occasion, combien il est nécessaire d'établir une discipline sévére parmi les Soldats, & une subordination exacte entre les Officiers, sans exception d'aucun grade. (*a*)

La valeur & la science militaire deviennent inutiles ou du moins peu efficaces sans ce préalable. On sçaura vaincre, mais rarement sçaura-t-on profiter de la victoire, & tirer tout le fruit qu'on auroit dû naturellement espérer après d'heureux succès.

La discipline dans le Soldat, est une obéissance aveugle pour tout ce qui lui est ordonné de la part de ses Chefs. Souffrir qu'il murmure ou qu'il se plaigne, pour quelque cause que ce puisse être, c'est aller

(*a*) Dans un ouvrage tel que celui-ci, où l'on ne s'est proposé d'autre but que d'instruire les jeunes Militaires, on n'a point appréhendé d'en trop dire sur la discipline & sur la subordination, qui sont les deux points les plus essentiels du Service, & sans lesquels il est impossible qu'une Armée se soutienne long-tems, quelque habile qu'en soit le Général. Mais pour ne parler ici que de la discipline, toute Armée, où elle n'est point établie, ne peut être regardée que comme un amas confus d'hommes lâches, indociles, avides de pillage, & pour tout dire, tels qu'on en a vû au siécle des *Croisades*. Ce n'est point tant la multitude des Soldats, qui rend une Armée formidable, que la facilité de les rendre souples & fermes, & de ne faire de tant de membres différens, qu'un Corps animé du même esprit. Telles étoient ces petites Armées des Grecs, qui avoient à combattre des millions de Perses.

directement contre la régle ; car du murmure tolé-
ré, à la révolte, (a) il n'y a qu'un pas à faire. On
sent toute l'importance de cette vérité, sans qu'il soit
besoin de citer des exemples ; mais si l'on doit punir
févérement la moindre défobéiffance du Soldat, on
doit auffi être jufte, humain, compâtiffant à fon
égard.

La fubordination dans l'Officier tend au même
but, mais par des principes différens. L'honneur, la
gloire, l'amour de la Patrie, & la noble émulation
font les motifs qui le font agir. S'il eft vrai de dire
que la récompenfe & les châtimens font les principaux mobiles qui réglent la conduite des hommes,
l'Officier ne devroit avoir en vûe d'autre récompenfe
que la fatisfaction de bien remplir fes devoirs, ni
d'autre crainte que celle du deshonneur.

Pour donner une idée générale de la fubordination, établiffons pour principe la déférence que l'on

---

(a) Les Chefs ne fçauroient être trop attentifs à étouffer
tout murmure dans fa naiffance, & ils doivent en punir févere-
ment les auteurs. Souvent une légere étincelle caufe un violent
incendie ; & l'Hiftoire ne rapporte que trop d'exemples, où
l'on voit les Soldats paffer des plaintes à d'affreux excès
d'infolence, faute d'avoir fçu les réprimer d'abord avec vigueur. C'eft furtout dans ces occafions, que la préfence d'efprit & la fermeté font le plus néceffaires aux Chefs.
Les Soldats d'un Régiment Suiffe, fous le dernier Regne,
voyant qu'on ne les payoit point au jour marqué, mirent
bas les armes, bien réfolus de ne les point reprendre qu'on
ne les eût fatisfaits. Le Major leur commanda de rentrer
dans leur devoir ; aucun d'eux n'obéit. Alors tirant fon pif-
tolet, il caffa la tête au premier homme de la droite. Cet
exemple de févérité faite à propos, intimida les plus mutins, & chacun reprit auffi-tôt fes armes. Il eft à remarquer
que la fureur d'un Régiment qui fe révolte, eft encore plus
dangereufe par le pernicieux exemple qu'il donne, s'il ne
devient lui-même un exemple de juftice & de punition.

fe doit réciproquement les uns aux autres, felon les différens grades que l'on occupe. La politeffe, fi naturelle à la Nation Françoife, en prefcrit la loi ; & c'eft fe refpecter foi - même, que de refpecter ceux qui poffédent des grades auxquels on fe flatte de parvenir un jour. Plufieurs s'imaginent que la fubordination ne doit avoir lieu que dans le moment du fervice actuel, & que hors de là il n'eft plus queftion de fupériorité. C'eft un préjugé très-faux & non - feulement contraire à l'ordre, mais aux fimples notions du bon fens.

J'avoue que les égards & les déférences dont nous parlons, ne doivent pas être pouffés jufqu'à l'imitation de ce qui fe pratique, peut - être trop à la rigueur, chez nos voifins : mais on peut les avoir en tout tems & en tout lieu, fans honte & fans baffeffe, pour tous ceux qui par l'âge, le mérite & les actions font parvenus à des poftes diftingués.

Il faut donc que les Officiers, depuis le Général jufqu'à l'Enfeigne & au Cornette, fe rendent, hors du fervice même, ce qu'ils fe doivent les uns aux autres ; & dès lors on verra régner une harmonie parfaite dans le Militaire. Cette fubordination une fois bien établie, la difcipline paroîtra moins rude & moins pefante au Soldat, fur - tout quand la raifon feule & non l'humeur décidera de la punition de fes fautes.

Les hommes feroient trop heureux, s'ils connoiffoient affez bien leurs intérêts pour fuivre, chacun dans fon état, la régle & les devoirs qui leur font prefcrits ; toute idée de peine & de châtiment s'évanouiroit. Il ne s'agit pas d'une perfection abfolue, elle n'eft pas notre partage : mais du - moins feroit - il à fouhaiter que nous fuffions plus conféquens dans notre conduite.

Tel embrasse un état (*a*) pour lequel il n'a pas la moindre disposition ; nul principe, nulle connoissance, n'importe : décidé pour les armes, il sollicite un employ, l'obtient ; il est Officier, tout est dit. Mais on reconnoît bientôt que c'est un esprit revêche, indocile, d'une conception dure ; qu'il est méchant par tempérament, moins brave que brutal, (*b*) & même feroce ; (*c*) qu'il n'a d'autre Loi que l'amour de l'indépendance & une volonté perverse & déreglée. Que faire d'un tel esprit, si la discipline & la subordination ne viennent au secours pour le dompter ?

La Nation Françoise est, généralement parlant, plus spirituelle que toutes les autres Nations de l'Europe ; & c'est peut-être, ce qui lui donne ce ton si décisif sur la conduite de ses supérieurs, qu'elle censure souvent avec autant d'indécence que de liberté, sans respect pour l'autorité, & sans crainte du châtiment, qui en doit être le juste prix. Un jeune homme, qui n'aura lû que superficiellement les Commentaires de César, & quelques Chapitres de Polybe, se croit déja tout au moins aussi habile

(*a*) Combien en voit-on embrasser un état, auquel la Providence ne les appelle point, & abandonner celui pour lequel ils étoient nés ! D'où vient une pareille conduite, si ce n'est d'un défaut de jugement, d'un sot amour propre, ou d'une aveugle ambition ?

(*b*) Porter une longue épée, un habit uniforme, une cravate noire, les cheveux tressés, le chapeau sur l'œil & troussé en pointe ; marcher ferme, ne regarder personne, jurer beaucoup & battre ceux qui ne peuvent se défendre, c'est plus qu'il n'en faut pour faire un mauvais Officier, a dit un plaisant & véridique Auteur.

(*c*) La férocité est une monstrueuse copie de la bravoure, comme la poltronerie est une fausse imitation de la douceur.

que les plus experts, & s'imagine en conséquence avoir le droit de juger souverainement son Général en Chef.

Une pareille licence est d'autant moins tolérable, que ses progrès sont plus rapides, & qu'elle se communique plus aisément de l'Officier au Soldat. Quel que soit le grade du premier, il doit être convaincu que s'il manque à ses supérieurs, il s'expose à la loi du Talion; je veux dire que ceux qui lui sont soumis, pourront bien aussi lui manquer.

On m'objectera sans doute que l'Histoire fait mention de plusieurs victoires, lesquelles sont autant de preuves que le François sçait vaincre indépendamment des moyens onéreux que l'on propose. A cela je réponds que l'Histoire fait aussi mention de nos défaites, & que nos ennemis n'auroient pas lieu de s'en glorifier, si l'exacte subordination & la discipline sévére eussent été jointes à la valeur & à l'intrépidité. (*a*)

La multitude des Ordonnances est souvent cause qu'on les exécute fort mal. Il faudroit faire un Réglement stable & permanent, où il ne fût permis à personne de rien innover, changer ou substituer, & encore moins de donner des interprétations arbitraires au sens de l'Ordonnance.

De tous les abus auxquels il seroit le plus important de remédier, c'est celui des congés & des semestres, qui est porté à l'excès. En hiver la plupart des Officiers quittent leur Régiment, & il arrive presque toujours que ce sont les mêmes qui

______

(*a*) La conduite & la réputation d'un Général ne suffisent pas seules pour remporter la victoire, il faut encore que les Troupes bien aguéries & bien disciplinées, ayent assez de hardiesse pour mettre en œuvre ce qu'elles sçavent: c'est alors un double avantage.

s'abſentent. De-là vient que monter une garde, vi-
ſiter leur Troupe, faire l'exercice, & les autres
fonctions de leur état, eſt pour eux une fatigue
odieuſe, & à peine peuvent-ils ſe réſoudre à reſter
trois mois dans une Garniſon ſans donner des mar-
ques d'un ennui continuel, & du regret qu'ils ont
de ne pas jouir du repos & de leur liberté dans le
ſein de leur famille.

N'ont-ils donc embraſſé le parti des armes que
pour négliger ſans ſcrupule leurs plus eſſentiels devoirs ? (*a*) S'ils n'ont l'eſprit de leur état, & s'ils
ne prennent celui de leur corps, ils croupiront toute
leur vie dans l'ignorance de leur métier, inſéparable
de la honte & du mépris.

(*a*) Nous connoiſſons tous plus ou moins la néceſſité de
nos devoirs ; mais elle ne fait pas aſſez d'impreſſion ſur nos eſprits. Vains & légers, nous négligeons de les remplir, &
nous remettons de jour à autre l'exécution.

CHAPITRE XLII.

De la Tactique.

TOus les Auteurs, anciens ou modernes, qui ont écrit de l'Art Militaire, ont compris, sous le mot de *Tactique*, tout ce qu'un homme, qui veut se distinguer dans la profession des Armes, doit sçavoir ou pratiquer. La Tactique, qui, selon l'exacte définition qu'ils en ont faite, est la Science de l'ordre & de la disposition, dépend également de la Théorie & de la Pratique, & doit avoir par conséquent ses régles & ses principes sûrs. Elle est nécessairement attachée aux mouvemens : par eux on parvient aux Evolutions ; celles-ci conduisent à un ordre simple ; ce dernier à un plus composé : d'où résulte enfin la disposition convenable.

Si l'étude des Evolutions est essentiellement nécessaire à tout Officier, elle ne l'est pas moins aux Généraux. Mais un Commandant en Chef, qui ne posséderoit que cette Science (la possédât-il parfaitement) seroit peu capable de faire mouvoir les ressorts du grand mécanisme de la guerre ; je veux dire qu'il ne seroit nullement propre à remplir les fonctions de Général, & qu'il n'auroit tout au plus que le mérite d'un simple Officier. S'il possédoit au contraire toutes les parties de la grande Tactique, & qu'il eût négligé celles qui regardent les Evolutions ; il auroit la honte & le chagrin de voir échouer ses plus beaux projets ; il verroit tous les Corps de son Armée s'entre-choquer & se détruire par le défaut d'une juste direction dans les grands mouvemens ;

direction qu'il ne peut acquérir que par la connoiſſance de tous les mouvemens particuliers.

La grande Tactique, qui, comme nous l'avons déja dit, n'eſt autre choſe que la ſcience de l'ordre & de la diſpoſition, doit être l'objet & la fin particuliere des idées d'un Général : mais il ne ſçauroit y parvenir que par une étude ſérieuſe & réfléchie du cabinet. Combiner avec juſteſſe, comparer avec diſcernement, & déterminer à propos le tems d'exécuter, ſont comme autant de parties naturelles, qui compoſent cette grande Tactique. La combinaiſon & la comparaiſon forment la théoric de l'Art Militaire ; & l'exécution en eſt la pratique. Il faut commencer par bien faiſir la dépendance & les rapports qui ſe trouvent dans les moyens deſtinés à la conduite de telle ou telle manœuvre ; après quoi il eſt facile de juger des conſéquences, qui en doivent réſulter. L'exécution ainſi préparée, peut bien n'avoir pas quelquefois tout le ſuccès attendu ; mais la juſteſſe des combinaiſons, indépendante de la réuſſite, n'en fait pas moins d'honneur à l'eſprit & à la ſagacité du Général, qui peut bien dire alors, *le ſuccès n'étoit pas mon devoir*. En effet, parce qu'il aura quelquefois, & même aſſez ſouvent le malheur d'être battu, on ne doit pas conclure, pour cela, que ſes combinaiſons ne ſont rien moins que certaines : de même, parce qu'un Général ſera toujours plus ou moins heureux, il ne s'enſuit pas qu'on doive le regarder comme un grand Tacticien. (*a*) Le premier peut voir échouer les

---

(*a*) Quoique le Prince d'Orange (Guillaume I I I.) fut preſque toujours malheureux dans ſes entrepriſes, il n'en eut pas moins la réputation d'être un des plus grands Tacticiens de ſon ſiécle.

eſpérances qu'il avoit conçues ; mais d'autant plus habile & plus prompt à réparer les caprices de la Fortune , qu'il avoit mieux ſçû les prévoir , ils ne peuvent ni l'étonner, ni déconcerter ſes projets.

Pour donner une notion juſte & ſenſible de la Tactique générale, il me ſuffiroit d'expoſer ici le Plan (*a*) d'une Campagne , tel que nos Maîtres en l'Art de combiner en ont tracé plus d'une fois. Qu'on ſe repréſente l'un d'entr'eux perçant les jours & les nuits dans ſon cabinet, & uniquement livré à ce travail auſſi pénible que glorieux. Quelle foule infinie d'objets s'offre à ſon eſprit ! Il peſe, il ſuppute, il arrange, il compare, il prévoit, il détermine. Aſſigner le lieu du rendez-vous, déſigner les Camps qu'il doit occuper, les Pays où il doit devancer l'Ennemi, le prévenir dans ſes Poſtes , & lui donner le change dans ſes Marches ; marquer les Villes qu'il doit protéger, celles qu'il doit inquiéter , les Rivieres qu'il paſſera, celles dont il ſera obligé de ſe couvrir ; prévoir la quantité néceſſaire des munitions de toute eſpèce ; avoir des endroits sûrs & libres pour établir ſes magaſins, ſçavoir juſqu'où il étendra ſes contributions, le lieu & le tems d'une rencontre importante ou d'une action générale, ſes circonſtances & ſes ſuites ; connoître le génie des Peuples chez leſquels il portera la Guerre , le caractere du Commandant en Chef, qui lui ſera oppoſé, les moyens propres pour entretenir des correſpon-

---

(*a*) M. de Turenne, quelques jours avant cette Expédition glorieuſe où il chaſſa les Impériaux de l'Alſace, envoya à la Cour un Papier cacheté, avec priere de ne l'ouvrir que dans un certain tems qu'il indiquoit. Le Papier ayant été ouvert au tems marqué , on y vit tout le plan de ſon Expédition que l'événement venoit de juſtifier dans toutes ſes parties.

dances dans le Pays ennemi ; juger sainement de lui-même , des Troupes qu'il doit commander, & des Officiers dont il sera secondé ; tout cela n'est qu'une partie de ce qui doit servir de matiere à sa combinaison générale. Après avoir examiné tous les objets qui sont à son avantage, il est encore obligé de les comparer avec ceux qui sont ou peuvent être à l'avantage de l'Ennemi : second travail de combinaison , qui n'est pas moins difficile que le premier.

Tels sont, en partie , les ressorts de la Tactique du Général. Je dis en partie , puisque jusques-là il n'a fait que pressentir des événemens , en vertu de certaines causes qu'il a calculées, & des suites conséquentes qu'elles doivent avoir. D'ailleurs , quelque pénétration & quelque étendue de génie qu'on lui suppose , il ne sçauroit avoir qu'une connoissance très-imparfaite des moyens sans nombre , qui concourent à produire ces événemens dans leur tems ; vû qu'ils sont dépendans d'autres moyens , qu'il n'a établis que relativement à des choses qui peuvent ou ne point arriver ou arriver avec des changemens qu'il étoit impossible de prévoir. Ce n'est pas tout : lorsque les momens seront venus de mettre en exécution les différentes parties de cette combinaison générale , leur succès dépendra encore d'une combinaison particuliere , momentanée & locale. Particuliere , parce qu'elle n'embrasse qu'un seul objet, tel qu'une Marche, une Bataille, un Siége, un passage de Riviere , un Fourage, un Détachement : momentanée , (a) parce qu'elle doit être faite sur le champ,

(a) Au Siége de Valenciennes, dans un Conseil qui se tint pour délibérer de l'attaque de quelques Ouvrages extérieurs ; M. de Vauban fut le seul qui opina qu'il falloit la faire en plein jour. Le Roi touché de ses raisons y acquiesça : ce Monarque s'étant retiré sur une hauteur pour être témoin

& que, l'événement paffé, elle n'eft point applica-ble à un autre : locale, parce qu'elle doit fe faire fur le lieu où fe paffe l'action, & qu'elle dépend du coup d'œil, qui juge de la fituation du terrain, de l'état des chofes & de la difpofition où l'on fe trouve.

Cette derniere efpèce de combinaifon ne peut être affujettie aux régles de la premiere, puifque chaque jour, chaque inftant même & chaque événement donne occafion de la faire, la détruit ou la conferve après qu'elle eft faite. Elle eft de plus fujette à changer d'un moment à l'autre, parce que les cir-conftances dont elle dépend, font également fujettes à varier.

Il feroit donc auffi difficile de donner des prin-cipes fûrs d'un travail qui confifte à combiner & à comparer deux opérations inféparables du jugement, qu'il le feroit de rapporter dans un Ouvrage auffi borné que l'eft celui-ci tous les événemens que la Guerre peut occafioner. La combinaifon générale doit avoir été faite par le Commandant en Chef long-tems avant les préparatifs de la Campagne. Opérations, mouvemens, événemens même, il doit avoir tout arrangé, réglé, prévû. Je n'entends pas que fi ces événemens font malheureux, il ait dû les prévoir abfolument : ce feroit vouloir une chofe im-poffible, eu égard à certaines circonftances, qui dé-pendent bien plus du hazard ou de la conduite de ceux qu'il employe, que de lui même. La défer-tion imprévûe d'un Allié, la reddition trop prompte

du fuccès, fut fort furpris d'y recevoir, non la nouvelle des Ouvrages emportés, mais de la Ville prife prefque fans coup férir. Il feroit auffi difficile de trouver un plus bel exemple d'une combinaifon momentanée, que dangereux de l'appliquer à une autre occafion.

d'une Place par la mauvaise défense du Commandant, le dérangement subit de la saison, le découragement des Troupes ou de quelques Corps particuliers
dans une occasion importante & décisive ; mille autres accidens, suscités par la Fortune, sont autant
d'obstacles, que l'intelligence du plus habile Général
& toute la prudence humaine ne sçauroient parer.

S'agit-il d'une Marche ? Il ne suffit pas, pour
la rendre sûre, d'avoir une parfaite connoissance de
la Carte du Pays, & de n'ignorer aucun détail de
la situation du terrain ? Il faut sçavoir sur combien
de colonnes elle se doit faire, les chemins convenables à l'Artillerie & aux Equipages ; le tems où elle
doit commencer & finir ; observer que les Corps ne
s'entrechoquent ou ne se confondent au lieu de la
réunion ; faire en sorte de ne point prêter le flanc
à l'Ennemi, connoître à quelle distance il peut être,
la nature du Pays qui est entre lui & les colonnes,
aussi-bien que le tems nécessaire pour le parcourir,
il faut établir un ordre de Bataille par la face, par
la queue & sur les aîles ; fortifier l'avant ou l'arriere-garde à proportion du nombre & de la proximité des Ennemis ; sçavoir quels postes on doit occuper sur les flancs pour se couvrir ou pour éclaircir
sa Marche, les hayes ou les bois qu'il faut couper,
les routes qu'il faut applanir, en quel lieu il faut
jetter des ponts, pour la rendre facile & obvier à des
retardemens souvent funestes. . . .

Les dispositions d'une Bataille, & la vigilance
du Général, renaissante à tous les instans de l'action,
font de toutes les parties de la Guerre celles où cet
Art de combiner paroît sans doute le plus dans tout son
jour. Mais c'est peu d'avoir attiré par des marches &
contremarches l'Ennemi dans une position désavanta-
geuse, de l'avoir forcé, en lui coupant la retraite & les

vivres, d'en venir aux mains, & d'avoir pris pour foi les mefures les plus favorables ; il refte encore des détails infinis à combiner à chaque inftant. Choifir un efpace de terrain plus ou moins étendu felon que fon Armée eft plus ou moins nombreufe ; placer chaque Corps dans la partie qui lui convient , éviter d'y mettre trop , ou trop peu de monde ; s'emparer des poftes ; qui peuvent devenir importans dans la fuite ; exa-miner les hayes , les ravins , les maifons qui fe trou-vent dans le Champ de Bataille & l'effet qu'ils peuvent produire dans l'action ; fçavoir ce qui eft au-delà de fes aîles , pour être à couvert de toute furprife ; éta-blir des batteries dans les endroits les plus favora-bles , en cacher une partie à l'Ennemi , pour le dé-concerter dans fes entreprifes , & le fruftrer de l'a-vantage qu'il pourroit en tirer s'il venoit à s'en fai-fir ; fe placer dans un terrain étroit & refferré , en cas qu'il fût fupérieur en nombre ; préparer à cha-que Corps une retraite , de crainte que ceux qui fe retirent , ne portent la confufion dans les rangs de ceux qui leur fuccédent ; remarquer l'effet que la Ca-valerie ou l'Infanterie opére dans un lieu plutôt que dans un autre ; faifir le moment où il faut paffer des armes à feu aux armes blanches ; joindre à tout cela cette précifion de tems (*a*) néceffaire pour chaque chofe

(*a*) Cette précifion de tems eft quelque chofe de fi effen-tiel , qu'on ne peut s'empécher d'en citer un exemple célé-bre par le fuccès & le nom des Chefs. En 1645. le Général Merci ayant conçu le deffein d'attaquer les Quartiers de M. de Turenne dans les environs de Mariendal , celui-ci le de-vina , & envoya des ordres pour les raffembler. Dans le tems qu'ils arrivoient au rendez-vous & que M. de Turenne les difpofoit en ordre de Bataille , parut le Général Merci , lequel appercevant tous ces mouvemens , attaqua fi à pro-pos , qu'il remporta une victoire complete. Une heure plus tard le fuccès fans doute auroit été plus douteux.

chofe, cette attention continuelle aux mouvemens
de fon Ennemi, & l'Art de juger de fes deffeins
par fes manœuvres ; fçavoir faire une eftimation
exacte du gain & de la perte qu'il y aura à forcer un
pofte ou un retranchement, pour ne point acheter à
un trop haut prix des avantages de peu de valeur,
ou du moins pour ne les rechercher qu'autant qu'ils
peuvent contribuer au fuccès de l'affaire principale :
la négligence ou l'application des régles de cette
combinaifon, que j'ai nommée momentanée & locale,
a fait faire ou éviter bien des fautes, dont l'Hiftoire
ne fournit que trop d'exemples.

De tant d'Auteurs, qui ont écrit fur la Tactique,
aucun ne l'a envifagée fous le point de vûe que je la
préfente ici. Elle forme un tout fi vafte & fi important, qu'il feroit feul la matiere d'un volume. Cependant, quoique je ne l'aye traitée que fort fuccin-
tement, le peu que j'en ai dit fuffira pour apprendre à
ceux qui font en paffe de remplir un jour les premiers
Grades Militaires, qu'elle doit être leur principale
étude, que l'Art de la Guerre eft, fi j'ofe m'exprimer ainfi, un Art de régles & de calculs, (a) & que
les plus fameux Généraux ne le font devenus que par
une continuelle application à tout combiner.

(a) M. de Villars étant dans les Sevennes reçut une Lettre de l'Armée de France qui étoit en Allemagne, dans laquelle on lui marquoit les mouvemens qu'on faifoit pour fe
difpofer à une Bataille : (ce fut celle d'Hocftet) il répondit qu'avec de pareilles difpofitions les François feroient défaits infailliblement. Louis XIV. à qui cette Lettre fut remi-
fe après l'événement, ne put s'empêcher d'être furpris d'une
prédiction, qui ne fut que trop bien vérifiée.

On fçait encore avec quelle affurance le Prince de Condé
annonça aux Efpagnols leur défaite à la Bataille des Dunes,
quelques heures avant qu'elle fe donnât.

CHAPITRE LXIII.

Des Evolutions.

LEs Evolutions font la feconde partie de cette Tactique générale, dont nous venons de parler. Elle a auffi fa maniere de combiner : fes régles & fes principes tiennent à une efpéce de Géométrie naturelle, & il faut, pour ainfi dire, y procéder avec la régle & le compas dans l'œil. C'eft une fcience, qui confifte à faire prendre à un certain nombre d'hommes toutes fortes de figures convenables à la fituation du terrain dans lequel on fe trouve, & au deffein que l'on a d'attaquer, de défendre, ou de faire retraite.

Se maintenir dans un terrain, ou paffer dans un autre ; changer de forme, & de pofition pour attaquer ou fe défendre avec avantage ; fe mettre en bataille, en front, en queue & par les flancs ; étendre ou refferrer chacune de ces parties ; avancer ou reculer, foit en changeant, foit en confervant fa difpofition, & autres manœuvres de cette efpéce, font le but qu'on fe propofe par les Evolutions. Elles font fimples ou compofées : fimples, quand on ne fait que des mouvemens qui ne changent point la figure dans laquelle on eft : compofées, lorfqu'on partage en plufieurs Sections ou Pelotons un Corps de Troupes, & qu'on forme différentes figures, pour parvenir à celle qu'on veut préfenter.

Nous avons dit que les Généraux ne doivent pas dédaigner l'étude des Evolutions, puifque c'eft par elle qu’on parvient à l’ordre & à la difpofition ; mais elle doit être fur-tout celle des fimples Officiers. Le Soldat même ne les doit pas négliger, puifqu’il eft néceffaire qu’il exécute les mouvemens, & qu’il connoiffe la place où il doit être. Il faut de fréquens exercices pour le former dans cet Art ; mais lorf-qu’on l’a rendu capable de fentir tout ce qui lui eft avantageux, ou pour l’attaque ou pour fa défenfe, on peut dire alors qu’il eft difcipliné. Cette connoif-fance éleve d’autant plus fon courage, qu’il s’ima-gine être dans une difpofition plus favorable pour combattre.

Les régles des Evolutions & leurs principes font les mêmes pour toutes les Troupes ; & s’il y paroît quelque différence, c’eft uniquement celle que la différence d’armes y apporte. Mais mon but eft de ne parler ici que des Evolutions de l’Infanterie, j’obferverai même fur cet article la même précifion que j’ai crû devoir obferver fur tous les autres.

On ne fçauroit difconvenir que l’Infanterie ne foit la principale force d’une Armée. Elle frappe les plus grands coups & foutient prefque feule tout le poids de la Guerre. Combien ne fommes nous donc pas intéreffés à mettre en œuvre tous les moyens poffi-bles pour conferver la nôtre, & pour l’entretenir tou-jours fur un bon pied ? Celle des Efpagnols, qui étoit regardée comme invincible par toute l’Europe, a tellement dégénéré depuis la Bataille de Rocroi, qu’elle n’eft plus aujourd’hui que l’ombre d’elle-même. En perdant un grand nombre de fes Officiers tués à cette Bataille, elle a perdu infenfiblement, fous de nouveaux Chefs, cette vigueur de difcipline qui l’avoit rendue fi long-tems la terreur de fes En-nemis. Il nous feroit facile de rendre la nôtre d’au-tant plus redoutable, que la Nation Françoife a le bonheur de poſſéder des parties eſſentielles, que la Nature a refuſées à beaucoup d'autres.

J'ai dit ailleurs que notre Tactique étoit à peu près la même que celle des Anciens, & que la ſeule différence des armes étoit cauſe des changemens qu'on y a faits. Les Romains avoient leurs Lignes droites, qui formoient des angles, des quarrés, & généralement toutes les figures propres au terrain qu'ils occupoient. Ce qu'ils faiſoient en leur tems, nous le faiſons aujourd'hui, puiſque c'eſt d'eux que nous avons emprunté la plus grande partie de nos manœuvres.

Tout dépend dans l'Infanterie, ainſi que dans la Cavalerie, des premiers commencemens; & c'eſt à quoi on ne ſçauroit trop s'attacher. Un Cavalier, qui connoît bien ſon cheval, qui le ſoigne avec attention, & qui ſçait le rendre docile aux manœuvres, eſt cenſé bon Cavalier. De même un Fantaſſin, qui marche bien & avec aſſurance, qui porte ſon fuſil de bonne grace, qui a l'œil attentif à ſa droite & à ſa gauche, & qui eſt prompt à exécuter l'ordre, doit faire un bon Soldat.

Pour le former, je commencerois par le faire marcher ſeul, puis deux à deux, quatre à quatre, & ainſi du reſte : je le placerois ſous les armes, & lui ferois apprendre l'exercice, afin que ſes mouvemens fuſſent réglés; car la régle & la préciſion donnent au Service je ne ſçai quelle dignité, qui le décore en toute occaſion. Un Soldat habitué ſur-tout à charger vîte, poſſede déja l'eſſentiel de ſon état.

Le quart de converſion eſt la baze de toutes les manœuvres : mais pour qu'une Troupe le puiſſe faire avec juſteſſe, elle a beſoin d'une grande habitude d'exercice, d'une extrême attention de marcher d'un pas égal, & d'avoir les files bien ſerrées.

P. XIII
Fig. 2.

Les manœuvres d'un simple Bataillon font à peu près les mêmes que celles qui se pratiquent dans une Armée. Pour les rendre plus faciles, il faut partager un Bataillon par nombre pair , c'est-à-dire par seize , huit & quatre parties. La premiere , qui forme autant de pelotons , peut être commandée par un Lieutenant ; la feconde , qu'on nomme demiquart de rang , par un Capitaine , ainfi que la troifiéme , appellée quart de rang.

On doit partager les files du Régiment par nombre pair & impair , afin de pouvoir doubler les files & les rangs , quand on le juge à propos. Cette diftribution doit être faite , avant que l'on foit rendu fur le terrain pour manœuvrer.

Il eft encore beaucoup d'autres Evolutions telles que la converfion centrale , la contre-marche pour faire une droite à la gauche , & celle-ci à la place de l'autre. Il eft très-utile d'exercer le Soldat à ces différentes manœuvres , qui lui apprennent à connoître la différence des terrains qu'il peut occuper.

CHAPITRE XLIV.

Des Evolutions ou Manœuvres d'Infanterie.

Pl. XIII.
Fig. 5.
Se rompre
en Batail-
lon.

ON rompt un Bataillon par pelotons, par demi-quart de rang, par quart & demi-Bataillon. On se remet en Bataille à chacun de ces mouvemens.

Pl. XIII.
Fig. 1.

Lorsqu'on veut doubler les divisions d'un Bataillon en colonne, on le fait par deux quarts de conversion ; mais comme il faut diminuer, autant qu'il est possible, le nombre des mouvemens, on se double avec plus de promptitude & de facilité en écharpe, de pelotons en demi-quart de rang, puis en quart, en demi-Bataillon, & l'on revient en bataille. Chaque peloton ou division doit sçavoir prendre sa distance nécessaire lorsqu'il faut se doubler, de peur que le centre ne vienne à créver.

Feu de pe-
lotons de
pied-fer-
me.
Pl. XV.
Fig. 2.

Le feu en bataille de pied-ferme, se fait par pelotons ; & pour le rendre continuel, le premier peloton de chaque quart de rang (chaque quart de rang est composé de quatre pelotons) fait sa décharge, & ainsi des trois autres successivement. Les Grenadiers & le Piquet, partagés chacun en deux divisions sur les aîles, doivent faire avancer leur aîle, qui n'est point appuyée, de deux pas ; afin que leur feu soit dirigé sur le centre de l'Ennemi, & que leurs divisions puissent tirer alternativement pendant la manœuvre du Bataillon. Le feu se fait aussi par demi-quart de rang & par quart. Celui du premier est plus suivi ; mais il doit se faire par pair & impair, en ne faisant tirer que par demi-rang. Le feu de quart de rang va de la droite à la gauche, alternativement, par demi-rang ou par rang entier.

La même manœuvre se fait en attaquant & en retraite. Si c'est en retraite, le premier peloton de chaque quart de rang fait son feu, puis tout le Bataillon fait demi-tour à droite ; les seconds pelotons & les autres font la même manœuvre succeffivement. Le feu se fait encore en échiquier, lorfque le Bataillon marche en retraite ; alors les pelotons qui doivent tirer, font seuls face à l'Ennemi.

L'évolution des quatre colonnes se fait ainfi : le premier peloton de chaque quart de rang marche en avant, chacun des trois autres fait un quart de converfion à droite, enfuite à gauche, & fuivent le premier en ligne directe. Les Grenadiers & les Piquets se partagent pour remplir les intervalles des colonnes ; mais ils doivent se mettre à leur tête lorfqu'elles attaquent, & couvrir leurs aîles lorfqu'elles font leur retraite.

Cette manœuvre est propre pour mafquer une feconde ligne, pour attaquer une haye, un retranchement, percer dans un village ; elle facilite à la Cavalerie les moyens de traverfer un Bataillon, foit pour aller à l'Ennemi, foit pour fe rallier ; elle fert auffi pour fe déveloper dans une plaine & fe mettre en bataille, ainfi que pour faire occuper à une feconde ligne la place de la premiere.

De ces quatre colonnes, on forme un quarré plein, en faifant faire un à gauche aux deux colonnes de la droite, & un à droite aux deux autres pour fe joindre au centre. Ce quarré plein est d'autant plus utile que l'on peut marcher par toutes les faces avec plus de facilité qu'avec le quarré vuide, outre qu'il n'est pas fi aifé à flotter & à fe rompre ; les fections étant par tout égales, & fon feu partagé de même.

Les quatre colonnes.
Pl. XIV.
Fig. 1.&2.

Pl. XIV.
Fig. 3.

Pl. XIV.
Fig. 4.

K iiij

Les angles doivent être couverts par la Compagnie des Grenadiers & le Piquet fur deux rangs colés contre le premier rang du Bataillon ; ce qui imite la figure de quatre baftions. On fe remet en bataille par la droite ou par la gauche, ou par toutes les deux à la fois en fe féparant. C'eft le terrain, que l'on veut occuper, qui doit en décider.

Le quarré long fe fait en avant & en arriere, felon que le terrain l'exige. Si c'eft en avant, les deux pelotons du centre font demi-tour à droite, & les deux aîles font un quart de converfion en avant jufqu'à ce qu'elles foient à l'allignement des pelotons qui ont refté ferme. La Compagnie des Grenadiers couvre les deux angles de fa face, & le Piquet ferme la queue. Si c'eft en arriere, les deux pelotons du centre reftent dans leur pofition, & les deux aîles font un demi-tour à droite, & un quart de converfion pour fe mettre à l'allignement des deux pelotons : les Grenadiers & le Piquet fe poftent de la même façon qu'auparavant.

Cette évolution fert contre la Cavalerie, pour attaquer ou pour fe défendre : elle eft fur-tout néceffaire quand une Infanterie eft placée dans les intervalles de la Cavalerie ; fon feu eft continuel, foit par les flancs, foit par les faces ; il fe fait par pelotons en colonnes, en fe fuccédant les uns aux autres. Si l'on a quelques piéces de campagne, on les place dans le vuide des deux pelotons, qui ne doivent jamais fe dégarnir de leur feu. On forme par cette manœuvre deux Corps féparés pour paffer à gué une riviere, un pont, une digue, un chemin étroit, une chauffée ou un défilé. Si l'on a des équipages, on les place encore dans le vuide du Bataillon, où l'on marche au moins auffi aifément qu'en Bataille.

Le paffage du Pont fe fait de deux manieres ; par

rang & par file quand on eſt en bataille. Par rang, la droite du Bataillon fait un quart de converſion à gauche par pelotons, & la gauche un à droite de la même maniere ; les deux pelotons du centre marchent en avant, les deux aîles du Bataillon ſe joignent au centre & laiſſent une diſtance pour faire le quart de converſion par rang, & ſuivre enſuite les deux pelotons du centre.

Pl. XV.
Fig. 1. & 3.

Par file, les deux pelotons du centre marchent en avant, les aîles font un à droite & un à gauche, & ſe joignent au centre ; enſuite par un autre à droite & à gauche, ils ſuivent les pelotons. Mais le paſſage du Pont ſe fait plus promptement encore avec le quarré long, comme on l'a dit à l'article précédent.

Le feu de colonne ſe fait par pelotons, par demi-quart de rang & par quart, dans l'attaque ou dans la retraite. La diviſion qui fait ſon feu, ſe partage après l'avoir fait, pour venir par chaque côté de la colonne ſe rallier derriere elle, en obſervant de recharger ſes armes en marchant. Cependant les Grenadiers & le Piquet, partagés en deux pelotons, & poſtés en échiquier, couvrent les angles de la tête de la colonne & le protégent de leur feu, ſoit à l'attaque, ſoit à la retraite. Cette manœuvre eſt utile pour un chemin étroit, un défilé, le débouché d'un bois, un retranchement, qui a un peu de front, ou pour ſe défendre derriere une haye.

Le feu d'une ſeule colonne.

Il faut accoutumer le Soldat à ſçavoir charger avec vîteſſe ſon fuſil armé de la bayonnete, & à ſuivre au pied de la lettre la derniere Ordonnance ſur le maniment des armes. Il y a un inconvénient à craindre lorſqu'il faut charger à file ſerrée. Les premiers rangs courent riſque d'être bleſſés à la tête, au bras ou autre part par ceux des derniers rangs, lorſqu'après avoir amorcé le fufil, ils le retirent pour y mettre la cartouche. Pour obvier aux accidens qui peuvent en arriver, le premier rang pourroit fe conformer à l'Ordonnance ; mais les trois autres porteroient la croffe fous le bras droit pour amorcer, ayant le fufil & la bayonnete haut, & faifant un à gauche, ils laifferoient couler les armes de ce côté-là, ce qui fe peut faire, même en marchant, fans courir les rifques de bleffer perfonne.

Le Bataillon quarré vuide.   Le Bataillon en quarré vuide, peut être fait de plufieurs façons ; de pied-ferme, en avant, en arriere & en colonne fur quelque front que l'on puiffe être ; on le fait auffi avec les Grenadiers & le Piquet en dedans ou en dehors pour garnir les angles, en dedans, quand on ferme les angles ; & en dehors, lorfqu'ils font ouverts.

Pl. XIII. Fig. 3. Pl. XIV. Fig. 4. Pl. XVI. Fig. 1. 2. & 4.   Le défaut de Bataillon en quarré vuide eft d'être fujet à flotter, à marcher très-lentement, & à être fouvent coupé dans les fections. La méthode de le faire avec promptitude fans partager aucune fection, & de faire au premier quart de rang de l'aîle droite un demi-tour à droite & un quart de converfion ; au fecond quart de rang, un demi-tour à droite, & le faire marcher en avant pour aller former la face de la queue ; pendant ce tems-là le troifiéme quart de rang fait un à droite, prend la place du fecond quart de rang, & forme la face de la tête ; le quatriéme quart de rang par un demi-tour à droite & un quart de converfion à gauche, vient faire la face du quarré.

Feu des remparts. Pl. XIII. Fig. 4.   Le feu de rempart fert quelquefois dans une tranchée quand elle eft remplie, ou derriere un rempart, quand on a plus de monde qu'il n'en faut pour le border & que le terrain ne permet pas de faire la contre-marche. Il s'exécute ainfi : Le premier rang tire par pair & impair alternativement ; le quatriéme charge le fufil, le fecond & le troifiéme, par un flux & reflux continuel, font paffer les fufils dans les mains de ceux qui les chargent, ou qui les tirent, ce qui donne un feu fans interruption.

Je dois ajouter que le feu d'un Bataillon, fe fait quelquefois par rang, par demi-rang & par tous les quatre quârts de rang à la fois ; les deux premieres façons peuvent être employées devant l'Ennemi, en confervant néanmoins dans le centre le feu de quelques pelotons.

La derniere n'eft propre que dans quelque occafion de fêtes ou de réjouiffances, où l'on ne court aucun rifque en fe dégarniffant de tout fon feu.

Il eft encore beaucoup d'autres évolutions, comme on le peut voir dans la Planche fuivante.

OBSERVATIONS.

On a dû remarquer dans les différentes manœuvres, que non-feulement le Soldat doit être habitué à charger fon fufil avec vîteffe, & à faire feu au point marqué par le commandement ; mais encore à fçavoir marcher jufte & à faire les évolutions néceffaires pour les différentes figures qu'on a deffein de former, afin que les commandemens s'exécutent en régle, fans confufion, & fur-tout dans un grand filence.

Pour rompre le Soldat dans la pratique de toutes ces évolutions, il eft à propos de lui faire faire fouvent des contre-marches, de l'accoutumer à doubler les rangs, & à obferver fon chef de files de droite & de gauche, à fe rompre par les quatre faces d'un Bataillon, par quart de rang & demiquart, à fe ranger en haye par Compagnie, à border

Pl. XII.

une rue ou un chemin. Ces différens exercices lui feront à peine devenus familiers , qu'il se verra par
lui-méme en état de tout exécuter au premier signal
avec ordre.

C'est une excellente méthode dans le Service, de
faire manœuvrer le Soldat, la bayonnete toujours au
bout du fusil ; le contraindre à marcher d'un pas égal,
ferme, le genou tendu, mais sans affectation ; à être
uniforme dans le mouvement des pieds , de la tête &
des yeux même ; en lui faisant observer que la tête &
l'œil , qu'il doit toujours avoir tournés à sa droite,
doivent l'être du côté opposé , lorsque le mouvement se fait à sa gauche.

Ce seroit un avantage de plus pour le Service, si
tout Officier étoit en état de commander au maṇî-
ment des armes & aux autres exercices ; c'est uṇ
bien qu'on peut leur procurer par émulation, ou
par contrainte, en nommant, toutes les Semaines, un
Capitaine & un Lieutenant, pour faire, en qualité de
surnuméraires, l'office d'Aide-Major & de Garçon
Major, à la petite parade & dans les autres détails
du Régiment. Outre que par là ils s'occuperoient
utilement , ils auroient occasion de faire connoître
aux Officiers supérieurs , leur goût, leur zéle &
leur intelligence pour le Service ; & dans le tems
on sçauroit discerner ceux d'entr'eux qui méritent
le plus.

Tout dans le Service porte un air de décence &
de dignité ; les petites choses en sont aussi suscepti-
bles que les plus grandes : c'est même par les premieres qu'il faut commencer, si l'on veut l'établir.

Cette décence & cette dignité consistent à faire
tout ce qui est du Service , en régle & avec ordre :
ainsi , pour en donner un exemple , je voudrois que
lorsque le Sergent se présente à son Officier , pour

lui faire quelque rapport, il portât sa hallebarde de la main droite à la gauche avec des tems marqués, & qu'il ne se retirât qu'après avoir fait la même chose ; que le Caporal portât haut son fusil, & le reposât sur le bras gauche sans se découvrir, & se retirât de même. Je voudrois de plus que lorsque les Sergens vont à l'ordre, ils fussent conduits du quartier à l'endroit marqué, par un Officier Major à leur tête, les faisant marcher en ordre, ainsi que les Tambours, conduits seulement par leur Tambour Major.

Enfin il est mille choses très-communes, que le Service doit relever par une apparence de grandeur & de noblesse : cet éclat extérieur, qui frappe le Soldat, lui inspire du courage & des sentimens, flatte son amour propre, & lui fait regarder sa Profession comme également importante & honorable. Aussi l'est-elle, & le sera-t'elle toujours dans tous les tems & chez tous les Peuples.

CONCLUSION.

Après avoir rempli, autant qu'il m'a été possible, le but que je me suis proposé dans cet abregé d'Instruction Militaire ; j'ai cru devoir mettre íci le Plan que j'ai eu dessein de suivre dans son exécution.

Il m'a paru naturel de m'attacher d'abord à la personne du Général en Chef. C'est le poste le plus éminent où l'ambition d'un Officier puisse aspirer. Je dirai même qu'il le doit, puisque c'est une vérité constante que tout homme doit tendre à la plus haute perfection de son état. Dans toute autre condition, l'envie de s'élever peut être quelquefois taxée d'ambition déréglée & même pernicieuse ; mais il y auroit de l'injuſtice d'en faire un crime à un homme de guerre, qui ne la cherche, & qui ne peut même l'acquérir, qu'au travers de mille dangers, au prix de ſon ſang & de ſes biens, en ſervant ſa Patrie & en procurant la gloire de ſon Prince. Il eſt vrai qu'il n'eſt point de fortune plus ſujette à l'envie que celle d'un Officier, qui a fait rapidement ſon chemin ; mais c'eſt une preuve qu'elle eſt l'ouvrage du mérite ou du bonheur, qui ſuppoſe toujours des actions & des ſervices diſtingués.

Dans le portrait que j'ai tracé du Commandant en Chef, j'ai raſſemblé les talens & les vertus qui doivent compoſer le Héros, le Citoyen, l'homme public & l'homme particulier. Ce ſont autant de perſonnages qu'il doit repréſenter. Il n'eſt aucun Officier, qui ne puiſſe ſe conſidérer ſous quelqu'un de ces rapports, & peut-être même ſe faire l'application de tous enſemble, d'une maniere plus ou moins étendue : il peut juger par-là des progrès qu'il a faits dans ſon état, & de ceux qui lui reſtent à faire ; & que pour ſe ſoutenir avec dignité dans la plus brillante de toutes les Profeſſions, il doit réunir en lui nombre de vertus & de talens, dont les uns ſont un don de la Nature, les autres le fruit de ſon travail.

L'ébauche du Géneral achevée, une liaiſon naturelle m'a conduit aux opérations des Campagnes & aux manœuvres de la guerre. Toutes les entrepriſes militaires ſont pour un Officier habile comme un champ vaſte, où il peut donner carriere à ſes talens, & une matiere inépuiſable d'étude & de réflexions pour celui qui veut s'inſtruire & s'avancer. Tous les événemens qui ſe paſſent ſous ſes yeux ou ailleurs, ſont autant de vives leçons, qui le mettent à portée, s'il en profite, de faire connoître de

quoi il eſt capable, en cas qu'on le charge de quelqu'-
une des manœuvres, dont j'expoſe ſuccinctement les
plus importantes.

Mon principal deſſein eſt d'y faire comprendre
que rien ne doit ſe faire à la guerre qu'après un
jugement réflechi & par de juſtes combinaiſons de
toutes les occurrences qui peuvent y ſurvenir. Quelques-uns regardent le métier des Armes comme une
eſpéce de jeu de hazard, auquel préſide une Fortune aveugle & capricieuſe : mais ſi elle diſpoſe,
à ſon gré, des événemens, le Vainqueur n'aura
pas plus de mérite que le vaincu.

On convient qu'il eſt des hazards heureux, des
rencontres favorables, & des diſpoſitions, pour
ainſi dire, à ſouhait : cependant qu'on examine avec
attention les différens ſuccès de la guerre ; on verra
que le côté malheureux a péché viſiblement contre
les régles, & que l'autre au contraire a ſçu les pratiquer avantageuſement.

On auroit tort de conclure de-là que j'attribue
au Général ſeul les fautes & les malheureux ſuccès
d'une Armée : les Médecins, ſi je puis me ſervir de
cette comparaiſon, attribuent à l'eſtomach le principe des maladies ; mais il n'eſt pas reſponſable de celles qui ſurviennent.

Après avoir fait connoître les devoirs du Général, il me reſtoit à parcourir tous les grades établis
dans le Service, & par leſquels un Officier doit paſſer avant de parvenir à la place de Commandant en
Chef. J'ai eu moins en vûe d'inſtruire ceux qui ſont
déja en poſſeſſion de quelque poſte diſtingué, que
de faire ſentir à ceux qui les ſuivent, qu'ils ne peuvent s'élever à un plus important, qu'après avoir
fait connoître qu'ils en ſont véritablemenr dignes
par leur conduite & leur capacité. Dans le métier des

Armes, plus que dans tout autre, on doit être l'artifan de fa propre fortune, & attendre de fa feule réputation fon avancement.

Enfin j'ai dû finir par une courte expofition fur la difcipline, fur la fubordination & fur les manœuvres que doit faire un Régiment. Ces trois points font toute l'effence du Service. Dans le peu que j'en ai dit, je fouhaiterois bien en avoir fait fentir la néceffité, avec autant de force que je le recommande avec zéle. Tout Militaire de bonne foi, qui comparera la difcipline & la fubordination de nos Troupes avec celles de nos Voifins, fera forcé de convenir qu'à cet égard ils ont fur nous quelqu'avantage ; mais en voyant chez nous des abus, il verra auffi la facilité qu'il y a de mettre les chofes fur le pied qu'il conviendroit qu'elles fuffent, pour affûrer à la France, dans cette partie-là, une fupériorité égale à celle qu'elle a déja par tant d'autres endroits.

F I N.

EXPLICATION

Des Planches suivantes sur les Exercices du maniement des Armes, & sur quelques manœuvres d'un Bataillon d'Infanterie.

AVERTISSEMENT.

COmme ces manœuvres pourroient paroître traitées dans le texte d'une maniere trop succinte, on a crû qu'une explication plus littérale de chaque Figure en particulier seroit nécessaire pour en faciliter l'intelligence à de jeunes gens qui désirent d'être instruits. On prie le Lecteur de ne faire point d'attention à la faute qui se trouve sur les Planches, où le Graveur a toujours mis ploton au lieu de peloton qui est le véritable mot.

Et de remarquer que toutes les lignes ponctuées sur les Planches signifient les mouvemens, & que les lignes ombrées signifient la forme de quelques mouvemens, qu'on a à faire. Les lettres sur les Figures sont toujours rangées de cette maniere, par exemple, quand une ligne a b, est divisée en c, la division est toujours marqués par c b, c a, ou deux c au plus, pour marquer les bouts des divisions de chaque mouvement sans confusion, & lorsqu'ils font une ligne ensemble, il n'est pas besoin de plus d'un c ou lettre à chaque bout de division.

L

PLANCHE XII.

Exercice d'un maniement des armes d'un Bataillon.

a a —— Le Bataillon.
a b —— Les Grenadiers.
b c —— Les Piquets.
d d —— Les Tambours.
g g —— Les Capitaines.
h h —— Les Lieutenans.
i i —— Les Enseignes.
m m —— Les Sergens des Grenadiers.
n n —— Les Sergens des Piquets.
k k —— Les Sergens de la queue.
l l —— Les Sergens du front.
f —— Le Major.
o —— L'Aide-Major.
e —— Le Tambour-Major.

Lorsque le Bataillon ou Régiment arrive sur le terrain destiné à faire l'exercice, il prend en marchant en avant les distances d'un rang à l'autre, qui doivent être de la longueur de deux hallebardes. La distance d'un Soldat de l'un à l'autre doit être de la longueur du bras, afin de faciliter les files à s'ouvrir à droite & à gauche. Le tout rangé, le Major fait appeller, & alors les Officiers & les Sergens partent du pied gauche ; sçavoir les Sergens du front pour s'avancer cinquante pas en avant du Bataillon , & les Officiers passent les files & vont se placer sur une même ligne derriere le Bataillon. Le Capitaine à huit pas du dernier rang , le Lieutenant & Enseigne à quatre pas , & les Sergens de la queue se placent pareillement douze pas en arriere du dernier rang du

Bataillon ; les Sergens des Grenadiers & des Piquets se placent à douze pas sur les flancs du Bataillon. Le Colonel, le Lieutenant-Colonel & le Commandant du Bataillon se mettent en avant du centre à la hauteur du Major. Les Aides-Majors sur les flancs du Régiment ou Bataillon. Les Tambours marchent ensuite en appellant le long du front du Bataillon jusqu'au centre, & y étant arrivés ils font un quart de conversion à droite & à gauche, marchent droit au Major & se placent derriere lui sur une ligne, pour être à portée d'obéir à ses ordres.

PLANCHE XIII.

FIGURE PREMIERE.

Le doublement par rang d'un Bataillon.

a b —— Le Bataillon.
b c - c d —— Les Pelotons.
d b - e d —— Demi-quart de rang.
e b - f e —— Quart de rang.
f b - a f —— Demi - rang.
a b —— Le Rang entier.

Le Bataillon en colonne, tous les Pelotons pairs doublent les Pelotons impairs à l'aîle gauche en marchant de biais, ce qui forme les demi-quarts de rang pour former ensuite les quarts de rang, & ainsi jusqu'au rang entier.

PLANCHE XIII.

FIGURE II.

Le quart de converfion par rang d'un Bataillon.

a b —— Le Bataillon.
· b - d —— Les Pelotons.
ɩ b - d e —— Les demi-quart de rang.
· b - f e —— Les quarts de rang.
f b - a f —— Les demi - rang.
a b —— Le rang entier.

Le Bataillon fait le quart de converfion par Pelotons, par demi-quart de rang , par quart de rang , par demi-rang & par rang entier , & chacune de ces divifions fait le quart de converfion deux fois à droite & à gauche avant de fe mettre en bataille.

PLANCHE III.

FIGURE III.

Quarré fimple.

Le Bataillon en bataille de pied ferme. Le premier quart de rang (a-b·) fait un demi-tour à droite , enfuite un quart de converfion à droite pour former la face droite ; le fecond quart de rang (b c) fait un demi-tour à droite & marche devant lui pour former la face oppofée au front ; le troifiéme quart de rang (c d) fait à droite & s'avance d'un pas rapide pour prendre la place du fecond quart de rang & former la face du front , le quatriéme quart de rang (d e) fait un demi-tour à droite & un quart de converſion à gauche & va fermer le quarré à la face gauche en faiſant un demi-tour à droite.

PLANCHE XIII.

FIGURE IV.

Feu de Rempart.

Profil d'un Rempart & d'un Régiment qui y eſt en bataille.

PLANCHE XIII.

FIGURE V.

Un Bataillon en ordre de bataille.

a ———— Les Soldats.
b ———— Les Sergens.
d ———— Les Lieutenans.
e ———— Les Capitaines.
h ———— Les Grenadiers.
k ———— Les Soldats de Piquets.
lll ———— Les Aides-Major.

Le Bataillon placé ſur quatre rangs eſt diviſé en ſeize Pelotons, excepté les Grenadiers & le Piquet. Les Drapeaux ſont placés au milieu du Bataillon entre le troiſiéme & le quatriéme rang. Les Officiers & les Sergens prennent leurs places dans les Compagnies à la même hauteur des Soldats. Les Tambours, diviſés en deux corps, ſe placent l'un à droite entre les Grenadiers & le Bataillon, l'autre à gauche entre le Piquet & le Bataillon ; le tout en rang & file ferrée, & felon l'Ordonnance.

PLANCHE XIV.

FIGURE PREMIERE.

Feu des quatre Colonnes.

f g — Le Capitaine & le Lieutenant des Grenadiers.

m n — La Divifion des Capitaines & le Lieutenant des Grenadiers.

g i. g k — Les demi Pelotons.

Le premier Peloton après avoir fait feu, fe partage en demi-peloton, qui font tous les deux la demi-converfion, l'un à droite, l'autre à gauche, & coulent le long de la colonne, derriere laquelle ils fe réuniffent par une demie-converfion pareille à la première. Chaque Peloton fait la même manœuvre & revient à fon tour à la tête de la colonne.

Les aîles font protégées par les Grenadiers & le Piquet.

PLANCHE XIV.

FIGURE II.

Manœuvres pour former les quatre Colonnes.

ab.bc. cd. de. — Les quarts de rang.

e f. f g. h b. — Les Pelotons.

A. B. C. D. — Les quatre colonnes.

F. F. — Les Grenadiers & le Piquet.

i. m. n. — Les Divifions des Grenadiers.

K. L. — Les divifions des Soldats de Piquet.

Le Bataillon en ordre de bataille, le premier Peloton de chaque quart de rang marche en avant; tous les autres font un quart de converfion à gauche & marchent; lorfqu'ils parviennent à la hauteur du Peloton qui eft en avant, ils font un quart de converfion à droite & le fuivent en ligne directe.

Les Grenadiers & le Piquet font fur les aîles ; les premiers détachent 32. hommes qui fe gliffent entre le premier & le fecond Peloton de la colonne, il en refte feize dans le milieu de l'intervalle de la premiere & de la feconde colonne, les feize autres continuent leur marche & vont fe porter entre la feconde & la troifiéme colonne ; le Piquet détache 24. hommes qui vont fe placer pareillement entre la troifiéme & la quatriéme colonne.

PLANCHE XIV.

FIGURE III.

Les quatre Colonnes remifes en ordre de bataille.

a e —— Le Bataillon.
ab. bc. cd. de —— Les quarts de rang.
e h —— Les Grenadiers.
a i —— Les Piquets.

Les Pelotons de chaque colonne font le quart de converfion à gauche pour faire le quart de rang, & le quart de rang fait le quart de converfion à droite pour faire le rang entier ou fe remettre en bataille. Les Grenadiers & le Piquet font fur la même ligne aux deux aîles. Obfervez que les Grenadiers occupent toujours la droite & le Piquet la gauche.

PLANCHE XIV.

FIGURE IV.

Le quarré long plein.

a b. b c. c d. d e —— Les quarts de rang.
a f —— Les Grenadiers.
e g —— Le Piquet.

Chaque quart de rang fait un quart de converſion à droite. Tous marchent en avant pour ſe joindre, excepté le premier qui reſte immobile pour attendre les autres. Lorſque les quarts de rang ſont réunis, ſans laiſſer que très-peu d'intervalle, les Grenadiers & le Piquet ſe partagent ſur les angles en dehors; & le quarré fait face d'autant de côtés qu'il eſt né-ceſſaire.

PLANCHE XV.

FIGURE PREMIERE.

Paſſage du Pont par files pour l'attaque.

a —— Le Pont.
a b —— Le Bataillon.
e d b —— Les Grenadiers.
e f a —— Les Piquets.
g h —— Les Corps de réſerve.
i g h k —— Les Pelotons.

Les Grenadiers & le Piquet ſe rendent au centre en coulant le long du Bataillon, & par un à droite & un à gauch e, ils s'y forment & paſſent le Pont ſuivis immédiatement du Corps de réſerve ; le reſte du

Bataillon fait à droite & à gauche , se joint au centre & suit le Corps de réserve par demi-quart de rang en faisant à droite & à gauche. Les Grenadiers & le Piquet après avoir passé se portent sur les aîles ; & chaque demi-quart de rang se partage par un à droite & un à gauche & va se remettre en bataille par un autre à droite & à gauche aux deux côtés du Corps de réserve.

PLANCHE XV.

FIGURE II.

Feu d'un Bataillon par Pelotons.

a b —— Le Bataillon.
l m. m n —— Le Cap. & le Lieut. des Grenadiers.
e d. c e —— Le Capit. & le Lieut. de Piquet.
i h —— Le Corps de réserve.
e f. f g. g h —— Les Pelotons.

Le Bataillon en l'ordre de bataille. Le feu se fait de pied-ferme par les Pelotons en attaquant & en retraite ; les Pelotons pairs commencent le feu en ordre l'un après l'autre ; il continue de la même maniere par les Pelotons impairs, ensuite par les Grenadiers, le Piquet & le Corps de réserve. Ainsi de suite alternativement.

PLANCHE XV.

FIGURE III.

Passage du Pont par rang en retraite.

a —— Le Pont.

a b —— Le Corps d'un Bataillon.

e d. e f —— Le Capitaine des Gren. & le Piquet.

d a. f b —— Le Lieut. des Gren. & le Piquet.

g r —— Le Corps de réserve.

i a. k b —— Les Pelotons.

Les Grenadiers & le Piquet viennent se poster vis-à-vis du centre en coulant le long du Bataillon. Le Corps de réserve fait demi-tour à droite & passe le Pont. Tout le Bataillon fait un quart de conversion à droite & à gauche par Pelotons pour se rejoindre au centre, & par un autre quart de conversion à droite & à gauche, il se forme par demi-quart de rang & passe le pont. Lorsqu'il est parvenu de l'autre côté, les demi-quarts de rang par des quarts de conversion se rompent par leur centre, qui se portent chacun aux côtés du Corps de réserve, & par un second quart de conversion à droite & à gauche, & un demi-tour à droite ils se remettent en bataille, faisant face au Pont. Les Grenadiers & le Piquet passent les derniers, & par une manœuvre semblable ils se rendent à leur poste sur les aîles.

PLANCHE XVI.

FIGURE PREMIERE.

Quarré vuide.

Le Bataillon en ordre de bataille, se forme en colonnes par quart de rang. Le premier quart de rang marche très-lentement & forme la face du front de la colonne ; les trois autres marchent plus vîte. Le second quart de rang, lorsqu'il est arrivé à la demi-distance du premier rang, se partage par le centre,

& chaque demi-quart de rang par un quart de converfion à droite & à gauche, va former une demie-face
de chaque côté du quarré ; le troifiéme quart de rang
après être arrivé à demi-diftance du fecond quart de
rang, fe partagent de même & par les mêmes quarts de
converfion va former les demi-faces du quarré qui ref-
toient à remplir, ces deux quarts de rang doivent fe
faire en même - tems. Le quatriéme quart de rang arrive, & ferme le quarré, & par un demi-tour à droite
fait face en dehors. Les Grenadiers & le Piquet font
dans l'intérieur du quarré partagés fur les angles.

PLANCHE XVI.

FIGURE II.

Autre quarré vuide.

Le Bataillon en ordre de Bataille. Les deux
demi-quarts de rang du centre reftent immobiles ;
tout le refte du Bataillon fait un demi-tour à droite,
la droite du centre fait un quart de converfion à
droite, & le côté oppofé un quart de converfion à
gauche. Enfuite le premier & huitiéme demi-quart
de rang fait un quart de converfion à droite & à gauche pour fe rapprocher & fermer le quarré dans cette
manœuvre ; les angles du quarré, qui font vuides &
ouverts, font protégés par les Grenadiers & le Piquet.

PLANCHE XVI.

FIGURE III.

Le quarré long & ouvert.

Le Bataillon en ordre de bataille. Les deux Pelotons du centre restent immobiles. Tout le reste fait un demi-tour à droite , & le même quart de conversion que dans la Figure II. ensuite les deux flancs font demi-tour à droite & les pelotons font des quarts de conversion à droite & à gauche en observant que le premier rang des pelotons de la tête des colonnes se trouve sur le même alignement du dernier rang des pelotons immobiles ou du centre. Cette disposition faite , le premier peloton de chaque colonne fait feu , ensuite une demie-conversion , & coule le long de la colonne en dehors & vient se remettre derriere les autres par une demie-conversion ; ce qui est continué par les pelotons de chaque colonne alternativement. Les Grenadiers & le Piquet sont sur les aîles partagés en deux divisions & placés en maniere d'échiquier. La premiere division est à quatre pas de distance , & la seconde à huit. Leur feu est pareillement alternatif.

PLANCHE XVI.

FIGURE IV.

Autre quarré vuide.

Le Bataillon en ordre de bataille. Les quarts de rang font un quart de conversion à droite. Le premier marche très-lentement, les autres un peu plus vîte. Le second quart de rang fait un quart de conversion à droite & forme la face, qui est à la droite du premier quart de rang ; le troisiéme fait un quart de conversion à gauche & forme la face, qui est à la gauche du premier quart de rang. Le quatriéme enfin ferme le quarré & fait un demi-tour à droite. Les Grenadiers & le Piquet se placent en dedans du quarré aux angles, dont ils imitent la forme.

PLANCHE XVII.

FIGURE PREMIERE.

Bataillon qui se rompt par toutes les faces.

a l ——— Le Bataillon.
a b ——— Les Grenadiers.
f t ——— Les Piquets.
b c. c d. d e ——— Les Pelotons.

Ce mouvement est pour exercer les jeunes Officiers. On leur fait faire tous les quarts de conversion cu des marches à droite & à gauche & en avant pour leur montrer à remettre ensuite les Troupes aux mêmes places en bataille.

PLANCHE XVII.

FIGURE II.

Conversion centrale.

a c. c b. Les demi-rangs.

Un des demi-rangs du Bataillon fait un demi-tour à

droite ; enſuite chaque demi-rang fait un quart de converſion, en s'appuyant ſur le centre du Bataillon, dont le mouvement eſt preſque imperceptible, tandis que celui des extrêmités doit être rapide.

PLANCHE XVII.

FIGURE III.

Bataillon qui borde la haye.

a b —— Le Bataillon.
a d —— Les Grenadiers.
a f —— Le Piquet.
a g —— Les Pelotons.
ah. h g —— Les demi-pelotons.

Le Bataillon en colonne ſur quatre de hauteur ; tous les rangs ſe coupent en deux par des quarts de converſion à droite & à gauche ; enſuite font un demi tour à droite pour ſe faire face, ce qu'on appelle border la haye.

ERRATA.

Page 8. *ligne* 21. ſubſtance, *liſez* ſubſiſtance.
Page 55. *ligne* 21. de la Note *a*, terrain avantageux, *liſez* terrain déſavantageux.

APPROBATION.

J'Ai lû par ordre de Monseigneur le Chancelier un Manuscrit intitulé, *Instructions Militaires*, & j'ai cru que les observations & les excellens préceptes dont cet Ouvrage est rempli, en rendroient l'impression fort utile. A Paris le 10 Octobre 1751.

LE BLOND.

PRIVILEGE DU ROY.

LOUIS par la grace de Dieu Roi de France & de Navarre. A nos amés & feaux Conseillers les Gens tenans nos Cours de Parlement, Maitres des Requêtes ordinaires de notre Hôtel, Grand Conseil, Prévôt de Paris, Baillifs, Sénéchaux, leurs Lieutenans Civils, & autres nos Justiciers qu'il appartiendra, SALUT. Notre amé ANTOINE-CLAUDE BRIASSON, Nous a fait exposer qu'il désireroit faire imprimer & donner au Public un Ouvrage qui a pour titre *Instructions Militaires*, s'il Nous plaisoit lui accorder nos Lettres de Privilége pour ce nécessaires : A CES CAUSES voulant favorablement traiter l'Exposant, Nous lui avons permis & permettons par ces Présentes, de faire imprimer ledit Ouvrage en un ou plusieurs volumes & autant de fois que bon lui semblera, & de le faire vendre & débiter par tout notre Royaume pendant le tems de six années consécutives, à compter du jour de la datte des Présentes ; faisons défenses à tous Imprimeurs, Libraires & autres personnes, de quelque qualité & condition qu'elles soient, d'en introduire d'impression étrangere dans aucun lieu de notre obéissance, comme aussi d'Imprimer, ou faire imprimer, vendre, faire vendre, débiter, ni contrefaire led. Ouvrage, ni d'en faire aucun extrait sous quelque prétexte que ce soit, d'augmentation, correction, changement, ou autres, sans la permission expresse & par écrit dudit Exposant, ou de ceux qui auront droit de lui, à peine de confiscation des Exemplaires contrefaits, de trois mille livres d'amende contre chacun des Contrevenans, dont un

tiers à Nous , un tiers à l'Hôtel-Dieu , & l'autre tiers audit
Exposant ou à celui qui aura droit de lui , & de tous dépens,
dommages & intérêts ; à la charge que ces Présentes seront
enregistrées tout au long sur le Registre de la Communauté
des Imprimeurs & Libraires de Paris dans trois mois de la
date d'icelles , que l'impression dudit Ouvrage sera faite dans
notre Royaume , & non ailleurs , en bon papier & beaux
caracteres , conformément à la feuille imprimée , attachée
pour modéle sous le Contre-scel des Présentes , que l'Impé-
trant se conformera en tout aux Réglemens de la Librairie ,
& notamment à celui du 10 Avril 1725. qu'avant de l'exposer
en vente , le Manuscrit qui aura servi de copie à l'impression
dudit Ouvrage , sera remis dans le même état où l'approbation y aura été donnée , ès mains de notre très-cher & féal
Chevalier Chancelier de France , le Sieur DE LA MOIGNON,
& qu'il en sera ensuite remis deux Exemplaires dans notre
Bibliothéque publique , un dans celle de notre Château du
Louvre , un dans celle de notredit très-cher & féal Chevalier Chancelier de France , le Sieur de la Moignon , &
un dans celle de notre très-cher & féal Chevalier Garde des
Sceaux de France , le Sr DE MACHAULT , Commandeur
de nos Ordres ; le tout à peine de nullité des Présentes ;
du contenu desquelles vous mandons & enjoignons de
faire jouir ledit Exposant & ses ayans causes , pleinement &
paisiblement , sans souffrir qu'il leur soit fait aucun trouble
ou empêchement ; voulons que la copie des Présentes , qui
sera imprimée tout au long au commencement ou à la fin
dudit Ouvrage , soit tenue pour duement signifiée , & qu'aux
copies collationnées par l'un de nos amés & féaux Conseillers-
Secretaires , foi soit ajoutée comme à l'Original. Comman-
dons au premier notre Huissier ou Sergent sur ce requis , de
faire pour l'exécution d'icelles , tous actes requis & nécessaires , sans demander autre permission , & nonobstant Clameur
de Haro , Charte Normande & Lettres à ce contraires ; CAR
tel est notre plaisir. Donné à Versailles le vingt-neuviéme
jour du mois de Janvier , l'an de grace mil sept cinquante-
trois , & de notre Regne le trente-huitiéme. Par le Roi en son
Conseil , SAINSON.

*Registré sur le Registre XIII. de la Chambre Royale des
Libraires & Imprimeurs de Paris , Nº. 131. fol. 102. con-
formément aux anciens Réglemens , confirmés par celui du 28
Février 1723. A Paris le 9 Mars 1753.*
HERISSANT, *Adjoint.*

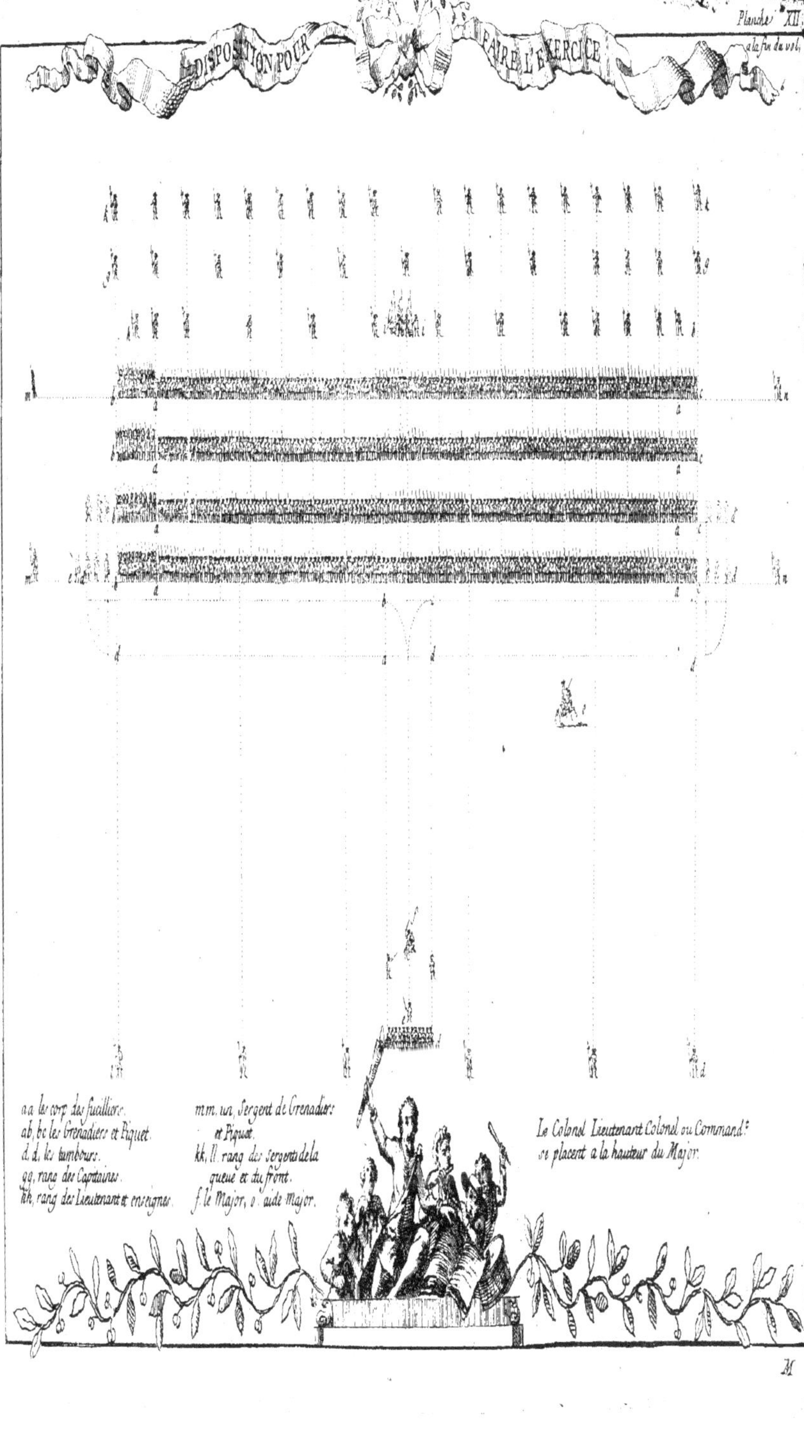

DISPOSITION POUR FAIRE L'EXERCICE
Planche XII
a la fin du vol.
a a, le corp des fusilliers.
ab, bc les Grenadiers et Piquet.
d d, les tambours.
gg, rang des Capitaines.
hh, rang des Lieutenant et enseignes.
m m, un Sergent de Grenadiers et Piquet.
kk, ll rang des Sergents de la queue et du front.
f le Major, o aide Major.
Le Colonel Lieutenant Colonel ou Command.r se placent a la hauteur du Major.

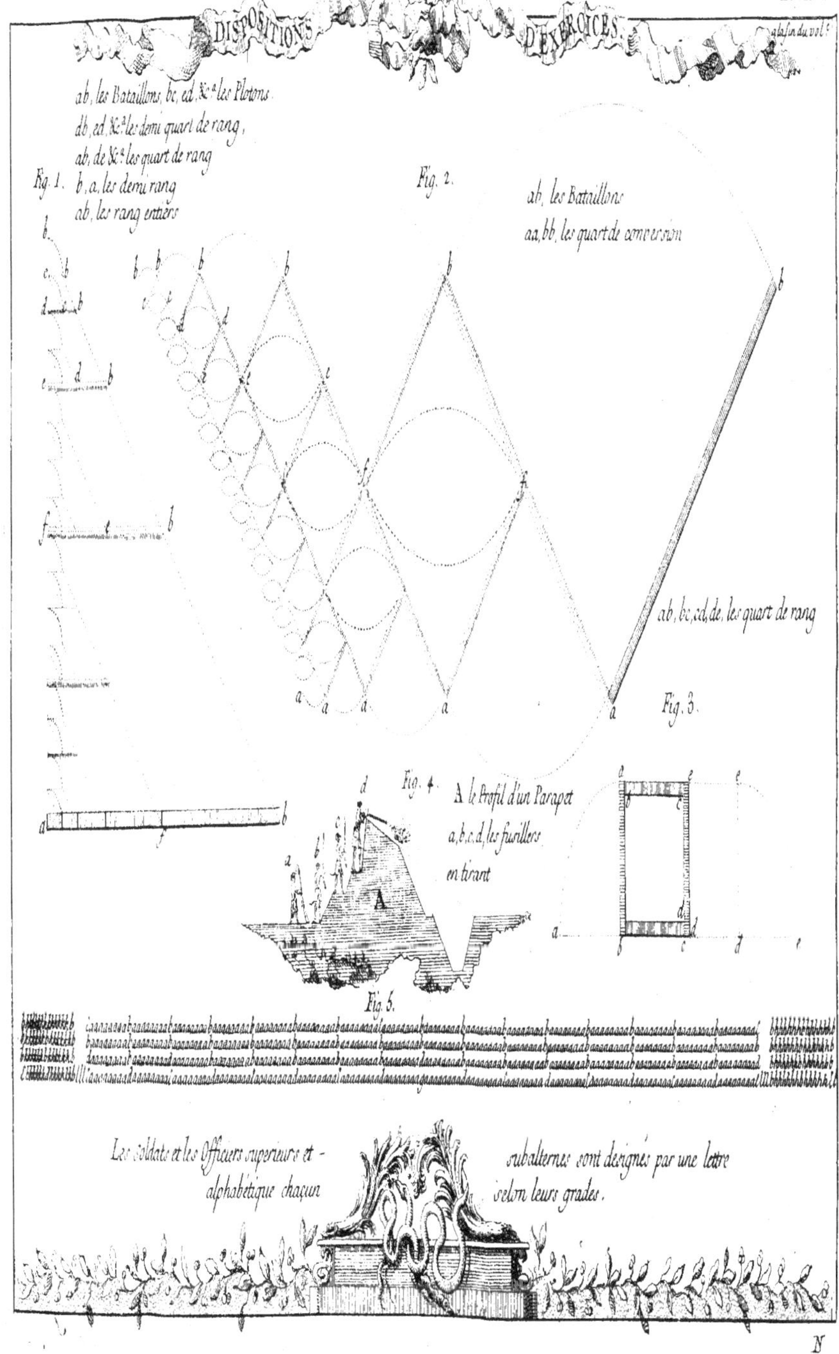
DISPOSITIONS D'EXERCICES
a la fin du vol.
ab, les Bataillons, bc, cd, &.ᵃ les Plotons.
db, cd, &.ᵃ les demi quart de rang,
ab, de &.ᵃ les quart de rang
Fig. 1.
b, a, les demi rang
ab, les rang entiers
Fig. 2.
ab, les Bataillons
aa, bb, les quart de conversion
ab, bc, cd, de, les quart de rang
Fig. 3.
Fig. 4.
Fig. 5.
A le Profil d'un Parapet
a, b, c, d, les fusilliers
en tirant
A
Les soldats et les Officiers superieurs et
alphabetique chaçun
subalternes sont designés par une lettre
selon leurs grades.

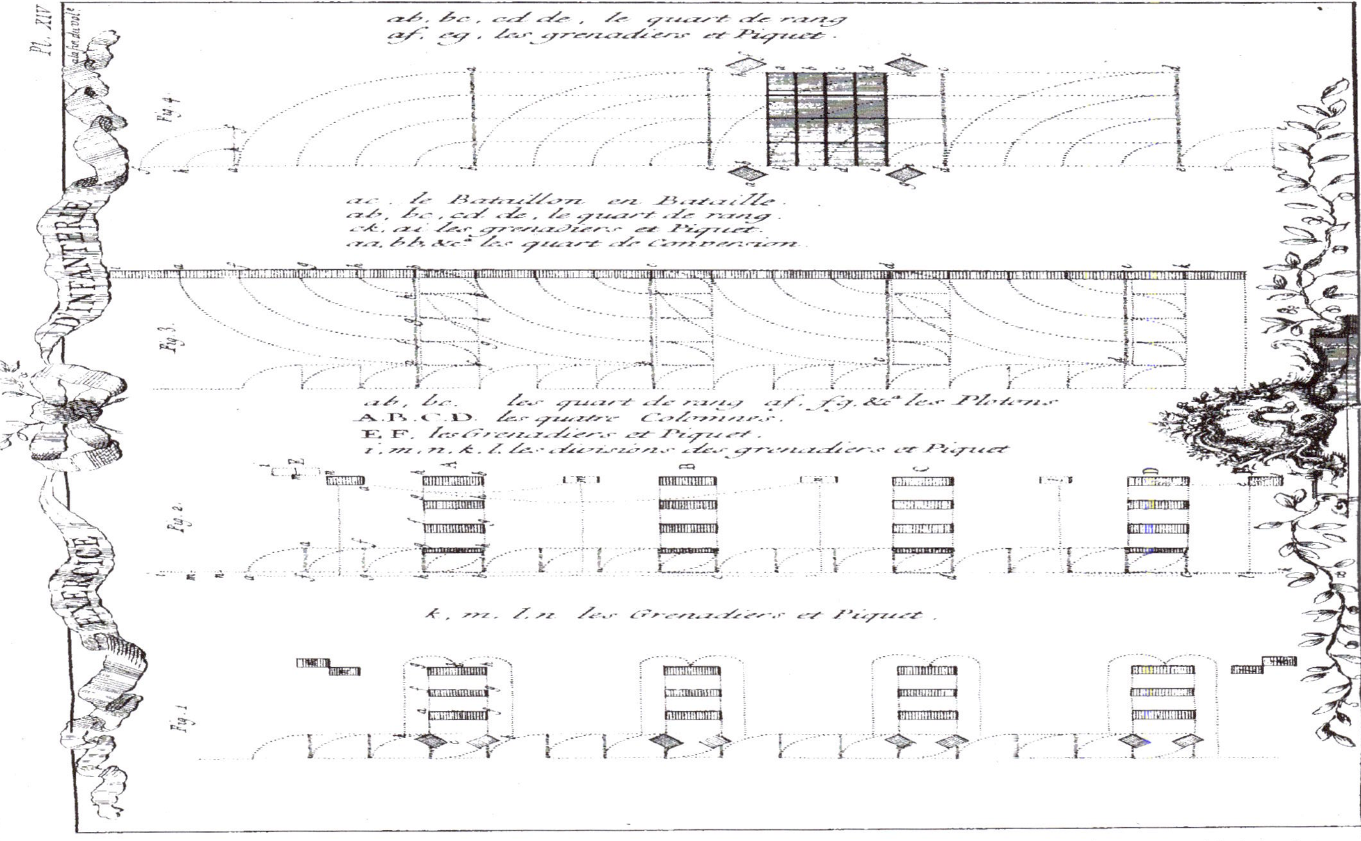
ab, bc, cd de, le quart de rang
af, eg, les grenadiers et Piquet.
Fig. 4

ac, le Bataillon en Bataille.
ab, bc, cd de, le quart de rang.
ek, ai les grenadiers et Piquet.
aa, bb, &c. les quart de Conversion.
Fig. 3

ab, bc. les quart de rang af, f g, &c. les Plotons
A. B. C. D. les quatre Colonnes.
E. F. les Grenadiers et Piquet.
i, m, n, k, l, les divisions des grenadiers et Piquet
Fig. 2

k, m, l, n, les Grenadiers et Piquet.
Fig. 1

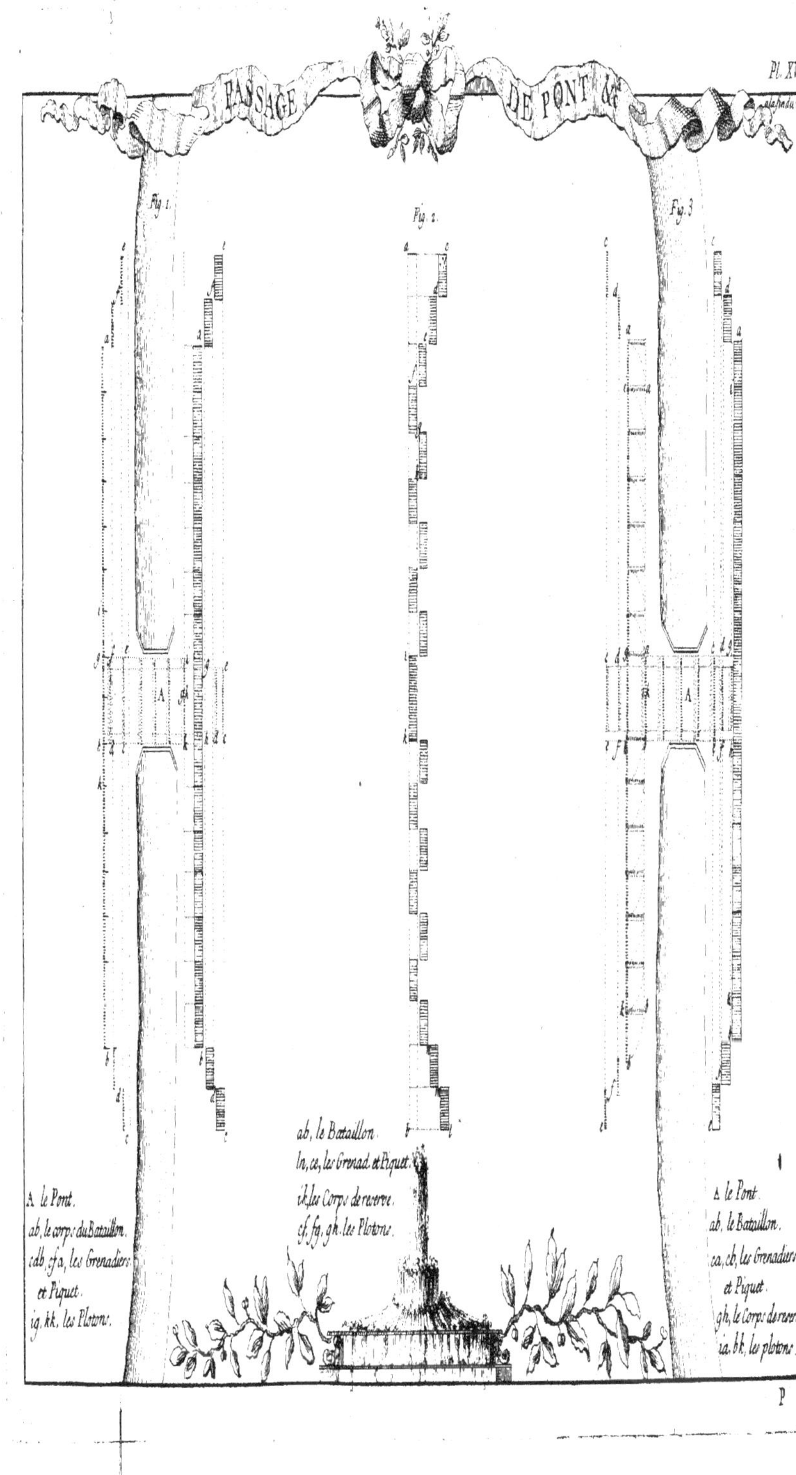

PASSAGE DE PONT &c.
Pl. XV.
Fig. 1.
Fig. 2.
Fig. 3.
A
B
A
ab, le Bataillon.
ln, ce, les Grenad. et Piquet.
ik, les Corps de reserve.
ef, fg, gh, les Plotons.
A, le Pont.
ab, le corps du Bataillon.
cdb, ef a, les Grenadiers
et Piquet.
ig, kk, les Plotons.
A, le Pont.
ab, le Bataillon.
ca, cb, les Grenadiers.
et Piquet.
gh, le Corps de reserve.
ia, bk, les plotons.
P

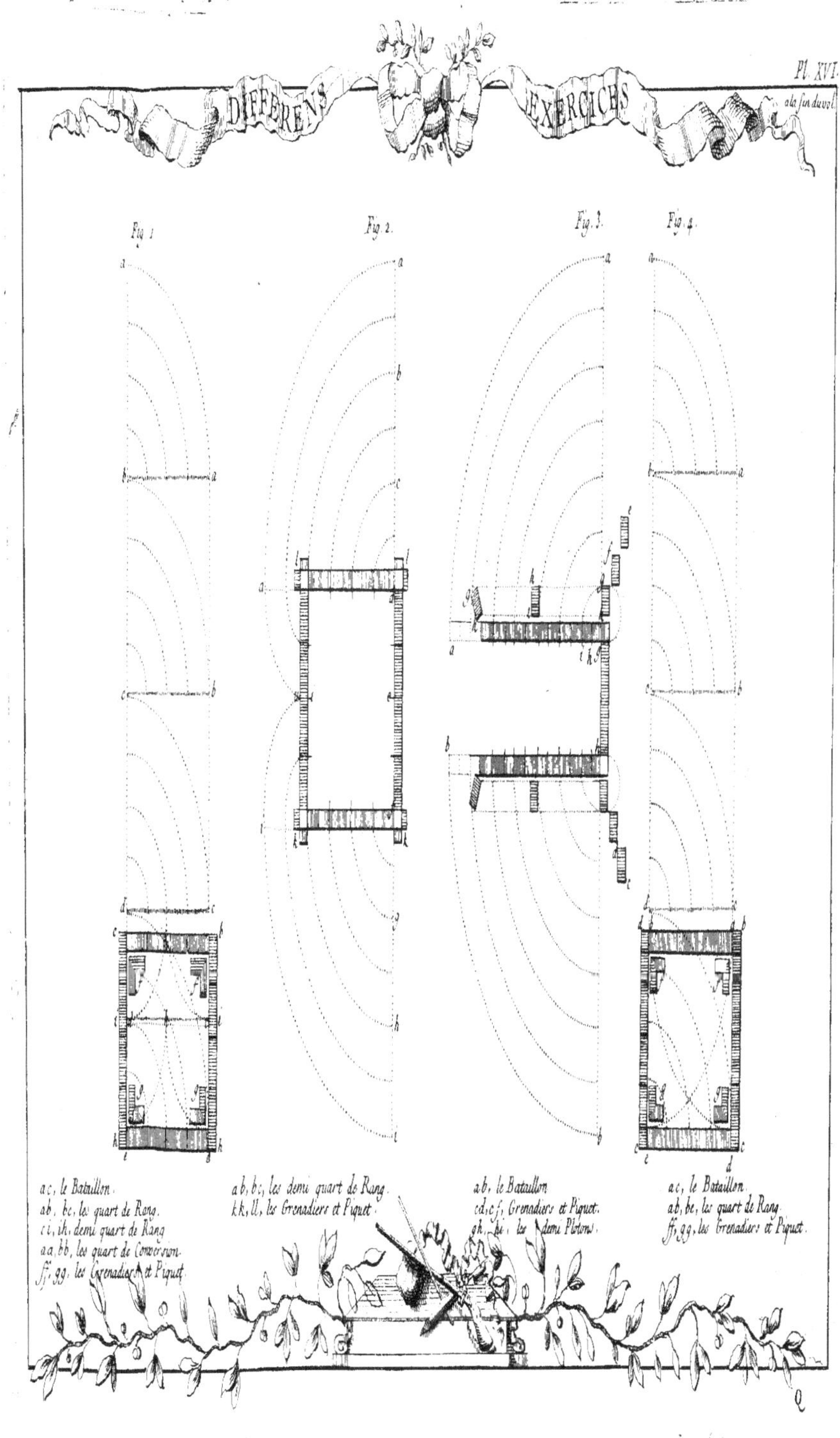
DIFFERENS EXERCICES
Fig. 1.
Fig. 2.
Fig. 3.
Fig. 4.
a c, le Bataillon.
a b, b c, les quart de Rang.
c i, i h, demi quart de Rang
a a, b b, les quart de Conversion.
f f, g g, les Grenadiers et Piquet.
a b, b c, les demi quart de Rang.
k k, l l, les Grenadiers et Piquet.
a b, le Bataillon.
c d, c f, Grenadiers et Piquet.
g h, h i, les demi Plotons.
a c, le Bataillon.
a b, b c, les quart de Rang.
f f, g g, les Grenadiers et Piquet.

MANŒUVRE D'INFANTERIE
Pl. XVII. et dern.
a la fin du vol.e
Fig. 1.
Fig. 2.
Fig. 3.
a c, c b, les demi-rang
a a, b b, les quart de
Conversions.
a t, les Bataillons.
a b, c t, Grenadiers et Piquet
b c, c d, d e, &c. les Plotons.
R et dernière.